光與黑暗的拔河

輝光歲月

保溫冰
田定豐

〔推薦序〕

在夾縫中更能體會美好的存在

吳青峰

有多少回憶編織成裳，不是忘記，而是被細細收起；無法丟掉，於是藏進房間最深沉的角落，甚至上鎖，不願與人分享，更別說放進櫥窗展示。

那或許是一件疲憊的戰袍，彌漫著血腥的氣味，用掙扎過的足跡，推著你鐵了心往更好的人生前進；那或許是一件不忍卒睹的傷衣，在夜深人靜時，飄進你床席間，幽幽地陪你翻身，在夢裡隱隱皺一個眉。

我們都有不堪面對的回憶，但是也會有當你面對了，才發現自己原來已經跨越的釋然。書裡關於父親的這些經歷，跟我自己的有些雷同，但應該是地獄加強版了。有些章節甚至讓我像看到恐怖電影般，先閉緊了雙眼深呼吸一下，才能繼續看下去。

閱讀的過程中，我是多麼驚訝：書裡的瘠瘠少年，長成了身邊的這個泱泱之氣；他總是充滿正面觀點，從來隻字未提，也沒讓人察覺到這些情緒。至今願意分享出來，想必經過一番掙扎，然而，想必也已讓掙扎開出了花果。

我想起了他的攝影，想起了他拍照的那些目光。一個人之所以可以記錄下這個世界上很多人無法察覺的美好，可能是因為他的心很美好，更可能是，他經歷過不美好，於是在夾縫中，更能體會美好的存在。當美好出現，他不會揮霍，不會視為理所當然。因為曾經的不幸福，所以深知幸福的重量，讓自己的幸福值得。這是幸福的，雖然這種幸福有點殘忍，但，也最真，最實。

如今，他已經讓他的幸福發光，要帶給更多人幸福。別害怕，發光吧，我的朋友。

〔自序〕我總是有能力自己找到光的方向

田定豐

十多年前，有一個心靈成長課程的朋友，引導我畫一個關於「家庭圖」的心理分析。我在他的問題中，開始去思考家庭的關係，當我畫著這個圖到一半時，發現心裡竟有一股內在情緒非常強的波動，帶著我抵達心裡塵封很久的某個角落。我知道，那是一個關於痛苦記憶的「封印」。

我在它的前面停下腳步，然後告訴我的朋友，我沒有辦法繼續完成！他看著我說，如果我不能去面對自己的過去，這個陰影將會持續伴隨我的人生。

我記得當時我是這樣告訴他的：我的人生再怎麼黑暗，我總是有能力自己找到光的方向。

儘管，在我父親近乎瘋狂的暴力下，我總在黑夜的恐懼當中，數著自己身上的傷痕。儘管，我幾度可能在他威嚇下而失去受教育的機會。我逃學逃家，卻總逃不開這個命運的殘忍。但我始終沒有放棄過。

我在一個父親的眼睛中看見了「恨」，在一個母親的眼淚中體會了「愛」。我人生的前二十年，就是在這樣的愛恨交織中成長，也在這些如今難以理解的故事中，讓自己培養出在黑暗中找到光的方向的能力。

一個在我出生時就到海軍陸戰隊當兵的父親，經過三年軍中不人道的訓練，造就他殘暴扭曲的性格。在這三年間，我們父子也因為沒有接觸，在感情上形同陌路。回來後，他把他人生最受苦的三年發洩在我的身上，來求取他自己人生的平衡。在我小小的眼睛裡，他是那個隨時可以踩死我的巨人，而我是他隨時可以捏碎的玩具。於是，「爸爸」這個稱呼成了我叫不出口的恐懼。但我越叫不出口，他對我的痛恨就越深！

我們如此循環著這樣的惡性關係。

後來，他用「賺大錢」這件事來證明了自己的價值後，他常對我說：「你不要唸書了！跟我學做生意才會有出息！你看那些大學畢業生，不都是在公司幫我提公事包？」

當時的我在想，是不是聽他的話，他就不會再打我了呢？聽他的話，就會真的「有出息」嗎？後來，我拿了一堆他工廠生產的水菸斗，跑到台北市的西門町擺攤，賺回了一些百元鈔給他，我才在他眼裡看到「有出息」的眼神。

那年，我才九歲！

但是，我的母親經常用眼淚告誡我：「你如果不想變成你爸爸的樣子，你就要好好唸書。」

我在這樣兩種不同觀念中慢慢長大。幸好，我選擇相信我媽媽的話。

而父親這個角色，讓我從小寫作文寫到「我的家庭」主題時，都必須藉著電影和電視中有關父親角色的想像，來書寫我的家庭有多麼的美滿。同時，還必須對老師和同學說謊：「我有一個幸福的家庭，還有一個很疼我的爸爸呢。」

直到夏天學校的制服換季時，藍色的短褲遮掩不了雙腳的傷痕，白色的短袖襯衫滲透出血跡斑斑。我的這個幸福謊言，被呂時珠老師戳破之後，卻也得到她特別的關愛，每天在下課時被留在學校做課後輔導。

我至今仍記得她當時告訴我的話：「你是一個聰明的孩子，不要因為你的父親，而放棄你自己。」當時的老師無法介入學生的家庭問題，但她願意每天多花時間陪我唸書，讓我知道，我可以因為受教育而和自己的父親不一樣。她也是除了我媽媽之外，讓我知道世界上還有別人願意付出愛給我。

也是因為呂老師對媽媽的提醒，我的母親才鼓起勇氣和這個傷害她、也傷害我的男人離婚，獨自撫養兩個孩子長大。雖然當時逃離了巨大的陰影，但是一個女人要面對貧窮，還要養育兩個孩子，又是另一個艱困的挑戰。

我母親當時身體已病痛累累，一天還要做兩份工作養家。一家三口省吃儉用，但仍常常入不敷出。而小時候被媽媽照顧長大的舅舅，也經常會偷偷塞錢要我拿給媽媽，以便解決我們家裡的困境。每一次，他塞錢在我手裡時，我總有著一種羞愧感。什麼時候，我們才可以不要別人的幫助？我常會在心底問著自己，一次又一次。這樣的自問，也成為我日後想要改善家裡環境的努力動力，並學習我母親身上那股「打不死」的韌性。

接下來幾十年，也因為這個努力的動力和韌性的能力，讓我不僅能攀上人生的巔峰，也能在谷底的挫敗中找到力量。

然而，所有人不知道的，卻是一個愛恨在心底深處掙扎，不敢面對過去的那個怯懦的我。

當年，連一個家庭圖都沒有辦法畫完的人，如今為什麼要自揭這個傷口？我反覆問自己這個問題。

我剛放下了自己創造過輝煌的音樂王國，為的是什麼？難道不是為了去築夢！而這個夢，不正是希望能帶給放棄夢想的人，可以有多一點點的勇氣前進嗎!?

而築夢的背後，如果不能誠實的去面對自己的人生，這個夢想會不會只是一個虛幻的景象？

很多人以為，我是因為家人的支持，加上自己的努力和運氣，成就了一個看似「成功」的鮮明形象。我是要迎合這個成功的「假面」？就像童年時，我想讓大家以為我的家庭很溫暖一樣？還是誠實的和自己從沒有離開過的陰影對話？

我的人生沒有因為父親的影響，而成為社會的邊緣人。那是因為，我知道，我有一個愛我的母親對我的期待，和一路上給我溫暖的呂老師和舅舅，讓我體會到什麼是「愛」。

而這份愛曾經改變我，那麼我就應該讓更多的朋友知道這個真相，也讓更多有相同經驗以及正身處這個黑暗之中的年輕孩子，能夠不要放棄自己，能夠活出獨一無二、更精彩的生命。

我被「恨」遺棄，但也被「愛」拾回。如今我應該要有這個能力，也讓我的愛，能拾回更多的「恨」。

但我也必須承認，在這個過程中，我和本書的另一位作家保溫冰一起回溯這些痛苦的記憶，經常不能竟書而欲擱筆。我原以為歲月可以讓傷痛結痂，讓陰影遁形。誰知，這一幕幕彷彿人生倒帶的情景，竟是如此的清晰，彷彿只是昨日！

我能記憶的，回到我心底之後固然讓我很痛，而我不願記憶的，卻也沒有放過我。它像一把刀，重新撕裂這個已然平復、底下卻是千瘡百孔的印記，讓每一次故作鎮定的深呼吸裡，只有自己聽得見的顫抖。

這一次，我選擇勇敢地打開這個塵封許久的封印。

如今，音訊全無十多年的他，滿身病痛，被人從大陸輾轉送回台灣。如果你問我有沒有掙扎，我必須誠實的說：有的！

我的掙扎在於：我恨了他幾十年，卻必須要在他老來無依時，去照顧他？我和他，是否還是依然像形同陌路的平行線呢？我也掙扎著：我書寫過那麼多關於愛的文句，為什麼此刻「擁抱」卻變得如此艱難！我究竟能不能喊得出那聲從來沒有叫過的**爸爸**!?

時間可以沖淡很多記憶，讓人忘記很多事情。但是，那一次，他把我全身脫光，手腳用鐵線纏住，奮力丟向馬路，行駛而來緊急的剎車聲，至今卻一直在耳朵隱隱響起。

而媽媽被他催促著外出辦事，卻被大卡車迎面撞上，在醫院急救生死攸關時，他只是用不在意的眼神丟了一句：「你去醫院看她。」這個不在意的絕情眼神，也一直被牢記在我心裡那個黑暗角落。

我選擇了用書寫重新記憶，去療癒自己的過往，放下傷痛去學習原諒。但是，我要怎麼從心裡完全清除那個已沾黏不放的黑色記憶？如果擁抱可以像立可白一樣，從此抹去那團黑色人生的污漬，那麼，我願意一次又一次的擁抱他。

都來自上天成就的祝福
每一段黑暗深處的回憶
願都是趨向光明的和解

序幕　養女阿蓮，一九五〇年代

「姐，阿母為什麼一直打妳？」

阿蓮雖然沒辦法回答，但弟弟這麼問，她身上的傷疤，彷彿就被一對對的螢火蟲啣走，不痛了。

§

弟弟還只是個嬰兒時，懸在她背上，牙牙囈語，身上竄動的體溫，教她說什麼都要站穩腳跟。

竹帚細枝輪流飛來的鞭痕，一劃一劃累積出她的童年。特別是那個早晨，阿蓮忘了倒掉阿母的尿壺，匆匆抓起書包往學校就跑。回家，阿母一巴掌讓阿蓮倒退三步，接著抓起尿壺往她嘴裡灌——從此，阿蓮懼怕那隻尿壺，一如懼怕阿母。

後來扁擔、竹篙、皮帶也找她，在她身上留下深淺不一的痕跡。但她總想著，以後她一定要告訴自己的兒女：「生我的不要我，那就不必感念；養我的願意將我拉拔長大，再苦都要感激。」

阿蓮認定，她空白的童年留給了弟弟。當襁褓中的弟弟咬著她頸項，彼此都有了安全感。阿蓮知道，弟弟將來會代替她，好好用快樂將她空白的孩提歲月填滿。

§

後來，弟又問：「姐，妳什麼時候要嫁？」

阿蓮搖頭：「你還沒長大，姐哪捨得嫁？」

誰知，弟微笑起身，竟也高過了她。他走離，身影渺遠。阿蓮低頭看著自己的手指，指甲縫裡的黑垢，怎麼摳，也弄不乾淨。

阿蓮走進浴廁，對著鏡子抓起香皂，往頭髮用力抹。

§

隔天，在阿母經營的貨運行櫃台前，阿母告訴阿蓮：「以後這位子，妳可以坐。」當然，阿母說的時候很小心，她不要阿蓮將這句話誤解為：以後這位子，就給妳坐了。

阿蓮聞到自己身上殘存的皂香，於是戰戰兢兢接過算盤。她的眼角餘光看到阿母鬆開緊蹙的眉心。食指朝算盤的上排使勁一劃，日子隨時重新計時。阿蓮開始學習與人對談，慢慢脫掉過往的膽怯。最後，她握著阿母給的零錢，在日日商行考慮了半天，才帶回一支口紅。

那天晚上，她專注鏡內未曾被吻過的唇。

一定有某個誰，將進入她心頭空著的地方。

§

這天，來了一位說話帶酒氣的老人。

「我來跟你們提親。」

阿蓮瞇起眼，傾身向前：「啊？」突如其來的這句話，她不是沒聽懂，可是表現得卻很像趨近細看那塊玉鐲。

阿母在不遠處，很快就喀喀快步走來，她腳下那雙木屐，總能快速掌握一切。她將老人請入屋內，關上門。

阿蓮忐忑不安，也不知道自己到底該緊張些什麼，只好不斷製造出噠噠的算盤聲，彷彿自己正忙碌著。

不久，老人臉上帶著笑意，被阿母領到阿蓮面前。「以後這就是妳公公，」阿母說：「他答應招贅進來，我才同意的。」阿母啜了一口茶，茶泡在唇間滋滋作響。

阿蓮的心情，就像櫃台上那只珠粒凌亂的算盤。

§

桌上那盒禮餅，表情比眼前這位即將和她共度一生的男人，要來得鮮明多了。

夫妻拜完堂，這個名叫阿源的贅婿仗著酒意，大手掀開蚊帳，強行進入她體內，和著汗水粗蠻抽動下體。阿蓮才想起，是看過他的。

隔日，蹲到屋後的水龍頭下，阿蓮用力搓洗床單，雙眼無神。她只知道，昨晚發生的事，已凝縮為月曆上一小塊發亮的微光。

結完婚，阿蓮不再被阿母痛毆，肩膀上的負擔卻添加了，她硬是把貨運行的一切打理得無可挑剔。至於阿源，閒在家裡不做事，一雙細眼會跳舞，偶有婆媽來貨運行，阿源就和她們抬槓得特別起勁。阿蓮知道，這位夫婿很難一眼看透，這個特質為他帶來女人緣。

又過了不久，一陣作嘔，阿蓮摀住嘴，肚皮日益隆起。

阿源馬上要去當兵了，她焦慮地數算日子，竟掂壞了那隻老算盤！還沒生，新開幕的遠東百貨就剪綵誕生，隔壁月霞阿姨與高采烈奔到她耳邊說，在開幕典禮上看到影星唐寶雲和謝玲玲呢。

阿蓮想，若遠東百貨早一年開張，那麼生命中第一支口紅，該是會出自那兒……假如換了支口紅，那麼阿源會不會出現在她生命裡呢？

那天晚上，有股香味敲了門。原來是阿爸端進來一碗雞湯，要她趁熱喝。

第一次，阿蓮流下感動的淚。

1 爸

面對這些夜以繼日的轟炸，媽雖疲憊，但比起日夜擔心爸回不來的那幾年，起碼踏實多了。也或許，她並非真的無精打采，爸的歸來，等於將她的身分給拼湊出來——儘管帶回那些始料未及的暴戾。

媽生下我的隔年，阿姆斯壯登陸月球了。

至於爸，他沒登陸月球，卻被徵召前去澎湖當蛙人。襁褓中的我則睡了他的床位，每天用哇哇哭聲打散媽媽悵然若失的神色。

經營貨運行的是外婆，當家的也是她。我去過幾次她的臂彎，並從她的臂彎，搜集到媽看著外婆的眼神。外婆越是笑開懷，媽越難掩母愛權利被強佔的不甘。

我比較喜歡跟外公玩。

爸不在，媽老是無精打采的。在貨運行裡，光一個貨車拋錨的小事，都能被她想成爸是死是活的徵兆。當兵這一去，可要磨個三年，回來還會是當初那個人嗎？

這樣自問自答也不是辦法。

所幸我哭我笑，總能轉移她的注意力。我學走路、握起筷子……怎知外婆卻從我碗內夾走荷包蛋，放進舅舅碗裡。彷彿我長越大，就越威脅到屋內某個誰的存在。

漸漸，我知道，世界上有一種人，叫做爸爸。每當我問起這位名叫爸的爸爸，腦裡總浮現一隻探出海面的青蛙，眼睛大大的。

有一天，我正趴在地上找彈珠，一個黑影猛然逼近，從我眼前走過。爸沒有死，他回來了！

我注意看爸，發現他眼睛一點都不大，不像青蛙。他手臂碩壯如貨車，血管竄動著油門般的力量——他走向媽，臉上一派「回來了只好跟妳過一生」的表情。轉身，他轟一聲睡下，海軍陸戰隊給了他從容應付明天的能力。他不怕，也什麼都不必正眼以對。

爸將自己鍛鍊成一隻雄蛙，對他來說，其他人都是小蝦米。貨運行壯漢進進出出，爸的髒話也沒停過，跟任何人都合不來，成天雞飛狗跳只差沒蛙跳。

彷彿爸在在貨運行鬧得不夠似的，外婆幫他消耗剩餘的力氣。「幹恁娘老雞掰！」爸衝著外婆怒吼。我遠遠坐到對面門庭，立起一塊磚頭，想像它被吵得翻來覆去難以入睡，準備要大踩油門揚長而去。

外婆破口大罵：「畜生！來這裡討債的，你們全給我死出去！出去！」一句給爸，一句給媽。

至於屋外電纜線的麻雀們，也一隻認領一句，翩然飛去。

吵！大鍋一炒，香氣四溢，外婆怒火大開，料理出豐盛一桌，豬腳、黃魚、紅燒肉，還有三副碗筷：她自己、舅舅、外公。

「出去，你們不准吃！」外婆對我們喝道。

夜裡，舅舅端了滿滿一碗紅燒肉給我，拎開肉，底下還有菜圃蛋。我看著他，什麼都沒問。恐怕舅舅比我更難理解：為什麼水和火要放在同一碗裡？外公默默站在一旁看著我們。對他來說，外婆的焰氣就像一把無可奈何的火，將屋院的每一天熊熊燒盡。

對此，爸倒是嘲諷以對。

「妳看妳阿爸，那副德性，男人的臉都被他丟光了，跟妳說，我罵妳阿母，是替妳阿爸罵的啦！」爸對媽說。

媽苦勸爸：「阿源，不要這樣講啦，再怎麼樣，這間貨運行也是阿爸在撐。」

「呵，在撐？連一個瘋婆子都搞不定，這就是他撐出來的結果。」爸抓起一瓶酒踱到櫃子旁，往梳妝台一敲，瓶蓋應聲掉落。「我看喔，妳弟以後也差不多啦！跟妳說，如果我以後像他一樣沒出息，妳就可以把我休了。」

媽緊盯著梳妝台邊緣滿布瓶蓋痕跡，一點都不想回應。

爸繼續叨念：「妳又不是他們親生的，還替他們講話？以後貨運行，還有那瘋婆子存的一堆錢，還不都是妳弟的!?」

看媽不再出聲，爸卻變本加厲：「我每次看你老爸那麼窩囊，都很想笑。」

「笑？」媽這下生氣了。「笑誰？你吃這住這，有什麼資格笑誰？」

一股怒氣，在爸臉上緩緩擴散開來。但他沒有一次發作。「好，沒關係，妳招贅我進家門很了不起？等我以後成功，妳就知道，我絕對會給妳好看。」

「阿源，不要再喝了啦！」

「幹，住在這個瘋人院，不喝的話，我早晚會跟你們一樣。」爸的話，隨著瀰漫的酒氣，釋出一些神經兮兮的笑聲。我緊縮起身子，看著窗戶，心想，希望窗戶幫幫我們，早點讓酒氣離開。酒一離開，爸才會變回爸爸。

面對這些夜以繼日的轟炸，媽雖疲憊，但比起日夜擔心爸回不來的那幾年，起碼踏實多了。也或許，她並非真的無精打采，爸的歸來，等於將她的身分給拼湊出來——儘管帶回那些始料未及的暴戾。「忍一忍就過了啦。」她對隔壁的月霞阿姨說。

至於爸，他看外公的方式，正是他激勵自己早點脫離這個貨運行的動力。

§

外婆被爸氣到快中風，因此把氣出在外公身上，在她霸氣的吆喝、吼哮中，外公的存在越來越渺小。

不久之後，爸實踐了他的諾言：我們要走了，真的要離開貨運行了。

打開皮箱，環顧臥房，媽看著這些年下來屋內有哪些東西屬於自己。行李收著收著，她解脫般哭著笑了。

最後一個晚上，我喘呼呼奔回家，看到累癱的媽傾靠在皮箱邊小寐。

「媽。」我輕輕將媽推醒，告訴她，我看到了螢火蟲。

媽微微一笑，閉上眼。幾隻螢火蟲，飛入她夢裡。

§

大小行李領著我們，駛上一條漫漫無盡頭的公路。

有點落魄，但起碼我們家終於可以跟裝電視的紙箱上面的圖片一樣：一個爸爸、一個媽媽、一個我。

爸媽聯手將行李往眼前出現的眷村矮瓦屋一丟，喀啦喀啦。我找了個角落躺下，睡醒時，那些家當已各自找到位子乖乖坐好。爸不見，大概去找酒了。媽蹲在廚房一角研究怎麼開伙。當天晚上，我們坐在地上吃飯，醬瓜配稀飯，像早餐。

爸和媽不想講話，一定是我不注意的時候他們偷偷吵了一架，又或者，是一些我不必懂的、大人才懂的事。

隔壁鄰居慧姨知道我們剛搬來，吃飯的錢都押在房租上，特地送來一包兩台斤的米：「給你們分著吃。」

分著吃是什麼意思？

每一天吃一點？還是媽媽、爸爸和我自行平分？

那包米還沒吃完，慧姨又邀我們假日去她家吃飯。我乖乖坐著，兩腿懸晃凳子邊緣，大人們聊得天花亂墜，爸爸好像跟誰都可以做朋友，做完朋友又可以就地吵起來。

後來，就算不是假日，我們也去他家吃飯。因為慧姨，媽媽又認識了更多同樣名叫媽媽的媽媽。有時媽煮好餃子說要送一盤去給慧姨，半路遇到阿卿嫂聊開，餃子易主……整座眷村就是一個家，半路碰上誰，都可以不屈不撓地聊下去。

兩台斤的米吃不了多久，爸爸也必須要用體力去換更多台斤的米回來。他到瓦斯行工作，開貨車分送他灌好的瓦斯桶。我則跟著媽往有水的地方去，看著她蹲在河邊洗大塑膠袋，這些是從鄰近大飯店回收，據說洗乾淨後，會做成水管。看她大費周章甩著瀝著，還要晾乾，洗不到幾個就累得滿頭大汗。我坐在遠遠的大石上，深怕媽洗得不耐煩，會將大塑膠袋套成一雙翅膀，振翅而去。

§

這裡叫楊梅，不是台北市。

「在這裡，賺不到錢啦！」爸不只一次忿忿不平地說。

對爸來說，回台北，才有成功的可能。在這個可能性兌現之前，他就像個耍脾氣的小孩，用力擱下碗說：「阿蓮啊，我跟妳講，以後喔，家裡的事情，不用對別人講太多。」

「我有跟誰講，不就阿慧而已嗎？」

「阿慧而已？妳不知道那個女人有四隻嘴巴？我一個月賺多少，需要妳說給整個村來笑？」

「阿源，你怎麼會這樣說？我們只是聊天而已，沒有人會笑你。」

「沒有人是不是？人家笑，不會讓妳聽到的啦！一個女人家，四處吱吱喳喳個沒完，妳會賺錢是不是？洗塑膠袋賺很多？會賺的話，家給妳養好不好？」說完，爸拿起筷子往流理台摔去。

我放聲大哭。

爸起身繼續罵：「我再怎麼落魄，也不會像妳阿爸那麼沒用！」

說完，他離開家，走向酒。

§

在楊梅的眷村生活了兩年，爸媽又匆匆將行頭搬上貨車。

就這樣，一家三口，又伴著裝滿車斗的家當，駛上公路。我對這樣的離去並沒有多大感觸，坐在媽媽的腿上，就像要驅車出遊一樣，只是東西帶得多了點。

那天下午，貨車駛入樓宇林立的台北市，廣告看板上好多明星的臉，一張張笑著倒退而去……

在那個叫做新家的地方，有阿公在等我們。是爸爸的爸爸。

或許他也沒在等我們，他只是揉著眼睛，懶懶起身：「來了？」說著，他打開電視，咒了一聲：「幹！」後跑去屋外調弄天線。我們便趁這個時候，將行李拖進來。

側過頭，看爸靠坐木門邊沉沉打著鼾，他一醉，哪裡都能睡。蟋蟀大肆鳴叫的夜晚，什麼昆蟲進出爸嘴裡都不奇怪，他隔天照樣咂咂嘴，跳上他的貨車，轟隆轟隆駛向不知的方向。

2 酒海

新家是阿公的工寮，位在台北市富錦街。過去在楊梅，阿公只來看過我們一次。換句話說，在這個工寮裡，我要學習辨識「阿公」跟「外公」的不同。阿公一腿蜷在凳上，兩眼直直審視著我和媽媽對這個新家的不適應，一句「住不慣就出去」幾乎隨時準備蹦出那滿口黃牙。

他和爸最大的共同點，是看到酒就像巧遇崔苔菁，整個精神都來了。當阿公那一雙熊貓眼瞪得又圓又大，嘴裡傳出口齒不清的酒氣時，你很難不去擔心：這個人一手促成的婚姻，會有什麼好收場？

我和媽並排躺在木板床上，媽已睡去。我頻頻被外面傳來的爭執聲吵醒，似乎是爸和阿公正在互噴口水。聽不清兩人在嚷什麼，我只納悶著，為什酒瓶裡的液體，一直都是滿的？看起來就像之前聽過的聚寶盆故事，一滴口水噴在瓶口，酒瓶就會滿出來。

幾個晚上下來，鵝黃色的燈泡總按時把爸爸和阿公的輪廓，裝飾出一模一樣的醉態。從我躺著的角度看過去，不禁要想：今天跟昨天，不是應該不一樣嗎？

「幹，酒都被你喝光！」

「再買就有了啦！」

「再買就有？你當我財神爺？你來這是要把我氣死，我收留你一家三口，不是來害自己短命的！」

「去說給老天爺聽啦！看他會不會可憐你，下一點錢給你好過年。」

「幹！」阿公將酒瓶往地上一摔，碎片濺起，我瞬間尿濕，哇哇大哭起來。

但他們對我的哭聲恍若未聞，死命要分出勝負。

「你給我出去，我要讓你死！」阿公掐著爸的脖子，兩人糾纏著往外頭而去。他們打架的方式，就像在訓練彼此如何成為真正的男人。或許在爸眼中，阿公雖然不好相處，但起碼比貨運行的外公像男人。

隔天，趁媽未醒，我脫下褲子，蹲到屋後的水龍頭邊開始沖水，邊想：以後我會不會變得跟他們一樣？

§

很快，阿公就將注意力從酒瓶上移開，分派工作給我——要我找鐵釘給他。我開始得意地將手裡歪七扭八的鐵釘塞到阿公粗駁厚實的手裡，再轉身快步奔跑，出去尋找更多的木條，從上面拔下更多的鐵釘。

從那時候，我便開始在意大人看我背影的眼光，我想當個幫得了他們的小孩，讓阿公拿那些鐵釘去換錢，買更多的酒。我理解到一個簡單的道理：只要幫阿公得到更多的酒，他就不會像爸那樣吼我。

木條對我來說，宛如一座森林，為了探索森林深處，我甚至橫越馬路——媽媽再三叮嚀我不准過去——潛入馬路對面的鐵工廠裡面找釘子。

只去了第三次，就被逮到，並換來阿公的一巴掌。

「收留你，不是叫你來這邊丟臉的！你這樣叫我以後怎麼跟人家交代……」

我怔怔看著阿公緊緊捏起的拳頭，如果他一拳揮來，我可會高高飛起？

阿公彷彿也在避免這可能性。他倒退幾步，摸到一瓶酒，將滿腔怒氣轉移到瓶上。

「你老爸喔，以前就是愛偷東西，被我打到跪地求饒，還有一次……」他一邊罵，一邊得意細數著以前教訓爸的豐功偉業。

媽循聲走過來，沒幫我，也加入教訓我的行列，給了我另一邊臉一大片冒熱的五指印。

「你唷，給我差不多一點！好的不學，去跟人家偷什麼鐵釘，小心我叫你爸用鐵釘把你釘起來！」

整天，我害怕著他們把這件事告訴爸。幸好，爸返家時腳步東顛西倒，趺跤一頭撞響了鐵門。

他將媽媽挖起，強壓在她身上，床喀喀震著。

「阿源，不要啦，已經很晚了。」

「不要？要不要是妳可以決定的喔？」

「阿爸他們都在睡了。」

「在睡又怎樣？床不就是用來睡的？我現在就是要跟妳睡！」

「噢，不要啦，我忙一天很累了……」

啪！黑暗中清脆的一巴掌。

「我警告妳，給我乖一點，不要以為招贅就了不起。再不給我聽話，我叫妳阿母過來幫妳收屍！」

喀噠、喀噠、喀噠，木床的震動，趨於規律。

喀噠、喀噠……

§

幾個月後媽媽突然變胖，我懷疑有人朝她吹了氣球，身體腫脹，肚皮也大了起來。

「生個女的，恰恰好。」

我已經五歲，也看電視連續劇演過，大概知道媽媽和她的肚子會發生什麼事……可是，看媽有時弓著身子，明顯不舒服，我有點擔心，又不知該怎麼讓媽肚皮裡的東西快點出來。

側過頭，看爸靠坐木門邊沉沉打著鼾，他一醉，哪裡都能睡。蟋蟀大肆鳴叫的夜晚，什麼昆蟲進出爸嘴裡都不奇怪，他隔天照樣咂咂嘴，跳上他的貨車，轟隆轟隆駛向不知的方向。

就這樣，媽也從工寮找到一個秘密基地，每當她不舒服，就蹲到草叢邊去摀住嘴，那邊有條溝，方便她嘔出任何液體。看著媽蹲在工寮角落，我害怕她肚裡那顆球會不小心跟著水溝一起流走，卻不曉得該如何阻止這種壞事發生。

我好擔心我永遠不會長大。

不能保護媽媽。

爸和阿公這兩個大人，成天互推該輪到誰買酒，甚至為這大打出手。在他們眼中，最視而不見的，就是媽的大肚子。阿公酒後甚至開媽肚子的玩笑：「阿源啊！我看阿蓮現在比你有力喔……」

「比我有力？要不然就來比一場，看我會不會一拳給她貼壁。」

「哈哈，你看她那雙腿，我看吶，生一生，也腫得差不多可以跟你去做粗工了。」

「做粗工？給女人出去做粗工，男人面子哪掛得住，我看喔，她還是蹲在家裡好好反省！」爸說完瞪著媽加重語氣說道：「給我反省！」

反省什麼？爸沒有繼續說。

我緊依著媽媽。

工寮是片酒海。

§

那個烈日午後，鐵釘特別多，我滿頭汗興高采烈拔出一堆，還特別累積到雙手滿滿，才快步蹬到阿公面前邀功。

只見阿公冒了滿頭大汗：「去跟對面借電話，快！」

我愣愣望著他莫名的指示，只想將雙手滿滿的鐵釘捧高，讓他看得更清楚點。

「去請人家打給你爸爸，說你媽媽生了。」

媽……

「去啊！」

我拔腿衝越馬路，對著賣檳榔的阿姨稀哩呼嚕了一堆我聽不懂的話，隨即趴倒，哇哇大哭起來。十分鐘後，哭腫眼的我走回家，發現工寮空蕩蕩，一個人也沒有。地上多出一攤血水，我呆呆站著，看著殘存餘溫的血像趴伏地面的獸，隨時會活過來。

就在這時，我跳到木床上，再度放聲大哭，哭累後的夢，或許是一個剛落地的小孩，高高舉起一把榔頭，後頭三個大人跟著走，越走越遠……也可能是一個小嬰兒，駕著小車，沿著樹幹，駛向樹枝、樹梢，大人們仰頭，朝他笑著……

笑著。

我不記得了。

應該是這類夢境沒錯。

爸一腳將門踹開，將我帶回現實。他說：「媽媽生了一個弟弟。」不必他問，我說什麼都會跟他上車去任何地方。

他抓起一瓶酒往桌緣一敲，瓶蓋應聲掉落。彷彿酒穩住了他情緒，貨車上他慢條斯理講起一些關於一家人的事，大概是說，多出一個弟弟，我以後要好好聽話，別再亂偷鐵釘討打。我迅速回想那戰戰兢兢的一夜。有哪個時機媽可能趁我不注意私下告訴爸我偷鐵釘的事？我知道不會是阿公講的，他酒一喝，什麼都不管了。

「欸，我在跟你講話！」爸朝我一推。

我側過頭看爸，正好是紅燈。

「還有，如果爸不在家，幫我看著你阿公，不要讓他亂來……你以後是哥哥了，聽到沒有？」

爸帶鼻腔的閩南語，把「亂來」這兩個字，咀嚼得有點斯文。

那一刻，他在我眼裡，彷彿回到脫掉蛙人裝、渾身剛洗完澡般乾乾淨淨的模樣，身後是午後的暖光。

我知道，這不會維持太久，有一個新的哭聲，正朝我們衝撞而來。這個哭聲帶來的變化，就宛如爸當初離家跳入大海濺起的浪花那麼巨大。

3 兩台斤的新生

弟活過來，就像點燃了什麼。應該是點燃了這個夏天的颱風吧。颱風過境，對工寮來說，不只是過境。頭上的屋頂鐵皮被風吹動，傳來喀啦、喀啦的聲音。

到醫院，醫生對保溫室某個箱子指了指。

爸與我反應不一樣，他皺起眉頭，我則耐不住性子直接嚷了出來：「不是啊！那不是，那不是弟弟耶……」

「阿豐，不要亂講話！」

「可是真的不是啊！」

一個剛出生的弟弟，就算看起來不像爸、不像我，他至少應該有連續劇女主角抱在懷裡的大小吧？他至少要可以兩手捧抱，而不是一隻手就可以抓起來啊！

「明明就不是這樣啊！」

我後腦杓被重重賞了一巴掌：「給我閉嘴！」

阿公走過來說，媽已經清醒多了。

我們跟著護士走。這是我第一次來醫院，以前總以為診所就是醫院，現在才知道，醫院有長長的廊，像腸子一樣蜿蜒。總是一些不好的事情才讓人們走入這裡：死傷、癱瘓，特別是一個拳頭大小的新生兒。

媽虛弱倚坐病床上，鐵碗內的粥滿滿的，也涼了，一口都沒吃。我走上前，想握她的手，可是在爸和阿公面前，我遲疑了。阿公滔滔不絕對爸轉述了一遍醫生的說法，大概是說，太早生了，小小一團才兩台斤，活不了多久：只有死在醫院裡或醫院外的差別。

「準備辦後事吧。」爸搖搖頭，下了結論。

媽對他狠狠一瞪。

「阿蓮，醫師都說沒救了。」阿公勸道。

媽把厲狠的眼神，原封不動移到阿公臉上。「孩子是我生的，不是你們生的，我說救得活就救得活！」

「幹！生孩子了不起喔？住院不用錢是不是？妳當我有錢人，我整天累得跟狗一樣，比不上一仙囝仔，是不是？」

媽悲從中來，哽咽地說：「阿源，這是你的兒子，你怎麼可以這麼說，怎麼可以說放棄就放棄？不行的啦！」

「不行什麼啦!?」爸一股火燒起來：「妳一個女人家是懂什麼？養孩子很辛苦的，就算救得活，我們養不養得活啊？」

劈哩啪啦，其他病人往我們這邊看。

「好啦！阿源，這樣難看，不用再跟她爭了啦，這個女人不知死活，她自己會知道的啦……」阿公拉著爸往外走，丟下一句：「東西收一收趕快出院，住院很貴的。」

我趴到床沿，握住媽的手，想說些什麼，卻開不了口。

不知為什麼，我喜歡病房這種白白、安靜、涼涼的感覺。

§

隔天，我看著她，看她看著兩個男人碰都不碰一下的弟弟。媽撫著他的頭，孱弱的臉頰，肚子，腿，雙眼未張的弟，隨時離開人世都不意外。就算這樣，他也是我一天的弟弟。

很快，這小小一個兩台斤的生命，開始間歇發出咳嗽聲，彷彿有隻惡魔卡在喉內，隨時會將他帶走。那些咳嗽，隨時可能成為一句遺言，媽不自禁耳朵往他嘴唇貼附——不管弟弟什麼時候走，媽想及時聽到那句話。

彷彿秒針也卡在原處咳著。

就是咳不出來。媽一心急，抱起他，往返踱著踩著。

看著媽一籌莫展的樣子，我也緊張起來。

整間工寮，像倒數計時的炸彈……

「不行，這樣不行。」終於，抑制不住情緒的媽，一股作氣，快步往外走。

「媽，妳要去哪裡？」

我緊跟著媽的步伐，上公車，下公車，媽兩腿蹣跚撞入中藥店，千拜託萬拜託，「你一定要救救這個孩子……」老闆勉為其難秤了一包藥材給媽，眼中流露出無能為力的愧疚，只差沒將弟放到秤砣上。

媽不是看不出那種眼神。她把錢一丟，隨即往大街大步邁去，台北市那麼大，一定有誰救得了弟弟……

挨街挨巷，走累了，媽挨進公共電話，話筒那端是外婆家隔壁的月霞阿姨，媽講著講著哭了出來，她的啜泣，在這麼狹窄的空間裡，形成巨大的迴聲。

以前住在眷村的時候，慧姨送了兩台斤的米給我們，我們沒回禮。現在，老天把兩台斤的苦難送還給我們了。一定是這樣的。

媽掛下電話，匆匆走出電話亭就攔下計程車，一定是月霞阿姨給了她一個新地點。

我們在一間廟前下車。一位婆婆走來，媽抱著弟弟含淚叩求，當婆婆拿出一把劍，我立刻跳開，躲得遠遠。婆婆比劃了幾下，拿劍朝自己舌頭就割，我蒙住眼，透過指縫看到她將血塗在符上，跟媽說了些什麼。

儘管我躲得遠遠，但我知道，那婆婆一直都注意到我，一定的。

§

「來，阿振，喝！」媽對微小的弟弟說。

不記得媽媽去哪裡找了七種不同的姓氏，又很麻煩地收集到那些水、那些姓氏，以火點燃，浸入碗裡（會變出什麼？）……也不記得媽媽是怎麼給弟弟喝下那些符水的。

但弟不咳了。

手腳也動了起來。

有時弟弟臉上出現一撇輕輕揚起的笑。對此時憔悴許多的媽，太重要了。

以後我一定要對弟弟很好很好，來感謝他好起來。

§

弟活過來，就像點燃了什麼。

應該是點燃了這個夏天的颱風吧。颱風過境，對工寮來說，不只是過境。頭上的屋頂鐵皮被風吹動，傳來喀啦、喀啦的聲音。我緊抱住媽，弟嚎啕的哭聲不輸雷電，爸什麼都不怕，窗外風雨交加，他對鏡繫起領帶（我從來不知道他有這麼一條），臉上自信滿滿，好像要颱風走著瞧！風雨一過，爸就要出門幹場轟轟烈烈的大事業。

只不過，在他印證自己滿腔的野心之前，還得將被颱風吹落的木門修好——這指望不了媽，不然，誰要抱弟弟呢？

我看著驚魂甫定、淚眼汪汪的弟，那個大人口中救不活的小生命，眨著眨著大眼珠。當初他虛弱得月霞阿姨看到差點脫口而出：「這孩子如果活過來，應該也沒辦法學會走路。」

她會把看到的帶回去告訴外婆，而外婆會幸災樂禍。若外婆真的幸災樂禍，我說什麼都要高高跳起來，雙手擋住外婆那張猙獰的笑臉，不讓媽媽看到。

現在，只要弟長得比誰都好，就是最好的證明——證明媽媽是最好的一個媽媽。

§

「我看喔，我去抓一隻狗來養好了。」

爸邊說邊津津有味啃著雞腿，這令我產生一種他更想吃狗肉的錯覺。

「養狗？狗飼料很貴耶。」媽淡淡回應。

「誰請妳買狗飼料了，餿水餵一餵就好了。阿豐瘦得都快被鬼拖走了，狗還吃那麼好。」

我怯怯環抱自己。吃太瘦真的會被鬼抓走嗎？

爸將雞骨啃碎，吸吮著骨髓：「不派一隻狗來看門，哪天阿振被抱去賣，妳眼淚就擦不完。」

不無道理。媽點頭默許，卻貧嘴地補上一句：「除了你爸，還有誰會做這種事？」

「幹，妳看不起我們父子就對了？」爸拍桌，驚天動地，屋頂掀了一下。

「阿源，我隨口講講，你不要生氣啦！」

「等我賺大錢喔，我就叫妳當狗爬給我看！」他將一旁凳子踹倒，弟弟哇哇大哭起來。

這哭聲解救了媽。她往哭聲走去，飯還剩下半碗。

§

沒幾天，爸帶回一隻狐狸狗。牠是白色的，當然，不全白，有點髒，媽抓起水管往牠走去，牠甩著身體想要掙脫，水花四濺，但沖洗完畢，就乖得像認了新主人似的，跑幾圈一乾，皮毛蓬鬆好好摸，看起來像四株茂密的、覆滿白雪會走的樹。

看媽媽把弟弟照顧得無微不至，我也強裝不在意，開始把注意力分給狐狸狗，煞有其事對牠做起同樣的事。

牠叫Lucky，是爸爸取的名字。我偷偷問媽，媽再去跟對面檳榔攤確認，我們才知道是幸運的意思。爸現在的事業，需要幸運這兩個字。

阿公醉倒不算的話，我們一家共四口，加一條狗。慢慢長大的弟弟，等於是將窄小的鐵皮屋逐吋撐滿，像吹氣球那樣。

爸果然不容許鐵皮屋爆炸。

所有家當上車，我們又要搬家了。爸沒直說，但我一直知道，當初一到這裡，他就蓄勢準備離開這個地方。他對阿公沒好感，一如我不知該怎麼跟他開口好好說完一句話。我常想，工寮裡一定是藏了某個發射器，爸每天偷偷按壓它一點，按越多次，發射得越高，等時機一到，咚一下把全家發射出去。

然而貨車上，弟弟的哭聲把我們拉住了，一點都沒有飛的感覺。

球還沒出現，爸就開始往外逃。有時，有女人嬌嗔的聲音跟著一起回來，爸不會讓那聲音進門。但媽聽得一清二楚，我知道。我就是知道。

4 球

新家是台北市南京東路盡頭的麥帥橋下，一幢小公寓。

一下車，爸媽拉著沉重的行李往上走，這是我們第一次住在比一樓高的地方。既在橋下，也在樓上。我喜歡站在陽台，有種奇特的張力。儘管二樓不是最高，但第一次住比一樓高的地方，仍讓人興奮了好些日子，從陽台望下去，好多事可以做，又偏偏不准做。我喜歡這種體內騷動著的長大的感覺。

「媽，妳看、妳看！有牛耶！」

「阿豐，你不要跑太遠，牛很危險的！」

「不會啦，我把牠帶回家養，牠就會聽我們的話了！」

奔跑在麥帥橋下的草坪上，為了練膽量靠近牛隻，值得我在這耗上一整天。

Lucky跟著我跑上跑下，爸在樓下叮叮鏘鏘，我溜到樓梯間彎低身子偷看，發現他和一群壯漢在弄機器，一時之間也看不出是要做什麼。我只知道，這一定跟爸的領帶有關。

晚上，爸常出門，直到半夜，才伴著酒味回家，鞋子一拽，帶著滿身疲累就往媽身上趴，我感覺到媽想掙開，彼此糾纏了一下，直到一方認輸。

幾天後，樓下噪音逐漸規律，我再跑下樓，發現多了好多工人。有人打磨，有人銲接，有人抬眼看到我，微微一笑又埋頭繼續幹活，彷彿我也是工廠裡的一部分。「這都是我們的嗎？」我心想。輕輕想，不敢用力想。

我轉頭看媽，弟在她懷裡，已經五個月大，應該不會再有誰來把他帶走了……但媽眉毛好重好重。以前她和鄰居聊天扯淡的輕鬆愉快，已全然從她臉上肩上撤退。

§

某天，陽台傳來爸的呼喝，我豎起耳朵，捕捉到一句：「又有了!?」

我挨到門邊，看到爸指著媽破口大罵。

「我整天為這個家累到命都快沒了，妳就不會注意一點？」

「是要注意什麼啦？每次你硬要爬上來，我不順著你，你又要發脾氣。」

「喔，所以都是我的錯？妳自己都不愛、都不爽就對了？話要這樣說的話，我出去外面找女人就好了，何必勞駕妳？」

「阿源——」媽上前，想拉住爸。

「靠夭啊！」爸用力甩開，「大的哭完，小的哭，現在妳又生一個來一起哭，整天哭不完，被你們哭衰了啦！幹！」

是一顆把弟弟帶來的那樣的球嗎？

媽摀住嘴，啜泣起來。

爸吁著怒氣，話沒停。

「要生的話，趕快生一生！我很多事要忙的。」

「你以為我想生？每天都忙不完了，還有力氣揹一顆球十個月？生孩子很累的耶！」媽迸出了淚。

「妳懷胎了不起？我成天累得跟狗一樣就活該？也不想想是誰幫妳養兩個兒子！」

「那就不要養嘛，我帶著兩個兒子去跳河好了！」

「幹！」爸一巴掌從媽臉上甩過，「瘋婆子，跟妳阿母一個樣。」

遠方兩隻牛，緩緩從他倆前面走過。

§

有個哭聲不停的弟弟，我無法想像媽如何承受肚子再度隆起？越緩慢，就越折騰人。我想，如果可以，媽寧可那顆球一夜之間冒出來吧？

球還沒出現，爸就開始往外逃。

有時，有女人嬌嗔的聲音跟著一起回來，爸不會讓那聲音進門。但媽聽得一清二楚，我知道。

我就是知道。

§

媽撐足精神，打點一樓工廠裡機器的運作。當時我不知道這叫作工廠，事實上，它不具規模，反像偷偷摸摸在進行什麼見不得人的勾當。起初數月爸連薪水都發得吃緊，因此才更仰賴幹練的媽。工人們信得過她。

球越滾越大，媽挺直腰桿，不讓球拉著她鞠躬，我看得出她辛苦，也知道她沒時間陪我。我拉著弟弟和Lucky，到河堤草坪上去野餐般用力坐下，我捏起一顆沙士糖，在弟弟舌上沾一下。

「阿振，這是沙士糖，說，糖果……」

弟揮舞雙手，想抓。Lucky不知跑哪去了，但我不緊張，Lucky不管跑得多遠，最後總能自己找回家來。

回到家，媽已將行李弄好，剎那間，我以為又要搬家了。

「去外婆家住。」爸說。

我點點頭，知道爸的意思是要住到媽把球生下來。

貨車上，偶爾轉彎、顛盪，我手臂輕碰媽媽的球，陡然一縮，怕弄壞了什麼。

以前，不知道媽肚裡的球會變出什麼，這次，雖知道球會變出人，卻不知道會是弟弟或妹妹，所以，我依舊只能稱它是球。我側頭，看爸那張不帶表情的臉。他會不會拋我們下車後，不再回來？

到了外婆家，毫無意外，爸沒下車，一聲招呼都不給外婆，隨即重踩油門離去。外婆瞪著我，好像我隨爸媽離開是背叛了她。接著她又瞪媽：「那麼愛生，整個台北市被妳生滿了啦！」

快步走來的舅舅化解了兩女人若有似無的對峙。舅舅一把將我抱起，用鼻子摩蹭我的臉：「小鬼，好大了，長那麼大喔，舅舅都不認識你了。」弟弟沒受到這等歡迎，我心底偷偷得意了好一下子。

舅舅還在念書，十七、八歲吧，看到他，我就想快快長大，變得跟他一樣高大、挺拔。

那晚，外公沏了壺茶，他宛如一位幫傭。

「阿蓮，身體好否？」

「可以啦。」媽頭垂得緊緊的，忙了一天，顯然是累了。

坐在一旁的外婆嘆口氣：「妳要好好管阿源，入贅沒有入贅的樣，當初招贅，就是要他好好顧貨運行，誰知道他脾氣那麼鴨霸，竟然罵我幹伓娘老雞掰，我幾歲了？我娘的雞掰可以給他這樣罵？」

我倚在門邊偷聽，彷彿多收集一點這種秘密，就可以拿來擋禦大人不定時的遷怒。

「妳那大兒子沒出息，看臉就知道。」
「阿母，妳不要這樣說阿豐啦！」
「我在我家要怎麼說是我的事啦！不滿的話，妳可以馬上出去！」
外婆下完這結論，我轉身離去。
就在菩提樹下，有個聲音叫住我。
「阿豐、阿豐……」
舅舅聲音壓低，像怕外婆從背後一把將他拎走。
「舅舅，怎麼了？」
「這錢給你。」黑暗中，我看不到他塞給我的紙鈔，是多少錢。
「舅舅……」
「去買糖果吃，或是存起來，不要告訴你媽。」
「那我可以告訴爸嗎？」
「也不要。」
「那我可以買芒果乾嗎？」
「可以，快拿走，拿去藏起來。」他催促著我。
不知藏哪裡，我只好塞在榻榻米下。

外婆再怎麼數落媽媽和我，還是請人抓回一些藥材。畢竟，「上一胎月子沒做好，這一胎要補回來。」外婆是這樣說的。

§

媽聳聳肩，話不多，彷彿該說的她都說了，其餘不想說的，就藏入肚內的球體。這一刻我隱隱察覺，我們搬到麥帥橋下工廠的那幾個月裡面，一定發生了什麼，是我不知道的。

白天我到西松國小上半天課，可以不看到外婆。下午就拉著弟弟往外跑。弟弟跌跌撞撞追著我，我領著他去以前最常去的泥地捉蟋蟀，他樂過頭，一個勁兒朝地上趴，我趕忙將他衣服拍拭乾淨。現在多出一個「哥哥」身分，我有義務讓媽安心生產。

我們住的這個地方，距離爸的工廠一趟車程根本不遠。但我理解，爸為何一點都不想來外婆家探我們。

§

沒有下雨。

那個晚上，弟不知為什麼，一直哭，一直哭，嘴裡伊伊喔喔著說砲彈飛車不見了之類的話。連我都只辨識得出四個字，媽就更聽不懂了。

沒多久，外婆的警告就送到門邊了：「阿蓮，妳兒子怎麼了？這麼晚了，大家都不用睡？」

我心裡很怕，畢竟回來外婆家住，算客人。如果弟再小一點，大人就會原諒他，可他現在已一歲多，怎麼也不該莫名哭成這樣。

哭嚎稍微轉小，只剩斷續的抽咽聲。媽累了，撐起身體，叫我好好看著弟弟。她蹣跚地往外走，推開和室門，斜倚。我看見她身子的剪影：她沿著門緣往地上滑坐下去。

「阿母！阿母！」媽扯開喉嚨大喊。

本想上前的我，被這淒厲的喊叫聲給嚇愣，弟突來的哭聲卻解救了我——

媽叫我看緊弟，我不能亂跑。

是她叫我不能亂跑的。

外婆，快來啊！外婆……

「唉呦！妳怎麼流得滿地是血啦……」外婆的聲音氣極敗壞，「妳不知道這樣會帶衰嗎？」外公、舅舅聞聲而來，手忙腳亂攙起媽媽。外婆的斥責聲變本加厲：「阿蓮妳真的是掃把星。回來一趟，大家都不要睡，陪妳在這邊耗就好了！」

「好了，妳別再罵了。」外公說。

「什麼叫做別再罵？做生意不能給她觸霉頭的耶，叫她好好安胎她不聽，整天一副煞衰臉，好像我欠她多少，你知不知流產會帶衰運？咱生意還要不要做啊？什麼叫我別罵？你為什麼不叫她那個第二個不要再哭啦！」

弟嚎啕哭聲交疊著外婆的咆哮，讓我想起工寮那個颱風夜……

整個晚上，我不敢移動身子一吋。我只知道，大人們為了球的事，忙得不可開交。

隔天早上，悄悄走到門邊，看到水泥地上，球化成的那灘液體已拭乾，卻也留下一抹淡淡色跡。

5 滋滋，早安

「阿豐。」它在叫我。我往鐵窗挨近，貼著，往裡頭探看。有人在裡面。「阿豐。」那聲音又叫了我一聲。我知道：那個沒能跟著我們回家的新弟弟，就在裡面。

貨車上，媽沒有話對爸講。

這趟回家的路，就像那顆流出許多血水的球，好多好多東西，慢慢從窗戶、從通風口，流了出去。

遇到紅燈，爸點了一根菸，紅光在他眼裡閃爍。煙霧瞬間瀰漫，弟怯怯地將媽抱緊。媽縮了一下，她尚未痊癒的肚腹禁不起這樣用力抱，但她卻也忍住。不忍的話，還能怎樣呢。

綠燈一亮，我突然想起，忘了把榻榻米下舅舅給的錢帶回來了。

回到家，藤椅上掛了件紫色內褲。它出現的地點，以及爸故作從容將它抓走的姿勢，讓我意識到：那不是媽媽的。

突然懂了，為什麼有陣子媽病懨懨，什麼話都不說。

而球離開後，爸媽就什麼話都更不想說了。

說了，也不能怎麼樣。

§

吃完飯後，碗盤回到碗櫃，家裡的聲音一下子就沒了。

「媽……」我探頭找媽的身影。

一點不難找。只是，媽卻靜得出奇。

她獨自坐在廚房一張凳子，面朝後門，彷彿不想讓誰看到她的臉。球已離開她身體，但疲憊並沒有離開。她哀傷的背影，藏著什麼心事都不奇怪。日子還是要過下去，一個來不及被命名的小孩，穿過她的身體，不再回來，媽心裡一定捨不得。

我知道，她一定捨不得。

只是，連張照片都沒有，她只好面對鐵門，徬徨著該對誰掉淚。

§

入夜，媽整理完家務，已經很累很累，她往床一倒就睡，好像永遠不會再醒。

我盤坐地上玩尪仔標，要給史豔文和藏鏡人分出個勝負。

「阿豐，去買酒。」爸給了我兩張十元鈔票。

我頭壓得低低的，不敢直視爸的眼睛。

經過樓下，探看一眼，透著鵝黃光線的工廠，機具又添了幾件，蓄勢待發。霎時之間有種錯覺，媽肚裡消失的那顆球彷彿去了工廠裡面了。

抓回兩小瓶米酒。媽大概睡得更沉了。爸習慣性將酒瓶往桌沿一敲。

喀。

我轉身要走。

「等等。」

我停步。

「找錢呢？」

我搖搖頭。

「幹！」

爸拉住我，往我褲袋內一抓，抓出一把沙士糖。爸看看糖，看看我。沒太多遲疑，他朝我用力一踹，我往後飛，撞到藤椅，後腦一陣劇痛。

「啊……」我放聲大哭。

「再哭啊！再哭啊！」爸補我兩腳，還是幾腳，我忘了。

媽不會醒了嗎？媽會不會以為是弟弟的哭聲，就稀鬆平常翻身繼續睡了？

爸回到他的大座，翹起腳來開始喝酒，不是牛飲那種喝。酒進了他嘴裡，自能生成一種新功能，一如妻兒回娘家一趟，他就能自個兒胸有成竹起來。

我縮在客廳一角抽咽，心底默算著抽咽到第幾聲再停，爸才會完全忽略我也在客廳裡。

一瓶酒的時間。爸定坐藤椅不動，他身後是月光，我看不到他臉上有什麼。

我躡手躡腳，往門爬去，過程中爸只隱約挪動坐姿半吋。在他眼裡，或許我的存在就像緩速畫圓的秒針一樣。爬到門邊，赤著腳，我速速朝下往一樓走。就在一樓，我正打算快步逃走，卻有一股力量，定定將我拉住。

「阿豐。」它在叫我。

我往鐵窗挨近，貼著，往裡頭探看。有人在裡面。

「阿豐。」那聲音又叫了我一聲。

我知道：那個沒能跟著我們回家的新弟弟，就在裡面。

我知道他是弟弟，不是妹妹，我就是知道。

「弟弟。」我輕聲喚，「弟弟。」

突然，那力量又消散了。

我等了一下，想到一個方法。

我轉身，假裝要離開。

「阿豐……」它又開始呼喚我了。

我將舌頭，抵在牙齒中間，發出類似老鼠的聲音：「吱吱，吱吱……」那力量這次沒被嚇跑了，繼續回應著我。

那就像一顆超大型的磁鐵，逼使我朝它靠近。

「吱吱，吱吱……」

模仿老鼠的聲音。我要他知道，這裡很安靜，出來沒關係，「吱吱……」我緊抓著鐵窗的鐵條，直到鐵條在我掌心印出深深烙痕來。我不斷召喚那個離開太早、來不及降臨的弟弟。

「幹！你們全都給我去跳河，最好早點死一死！」

樓上爸的醉話傳來，打斷一切。

吱吱也嚇跑了。

我在廊階輕輕坐下，摸摸Lucky，我發現，牠也看著我，似乎知道剛剛我發現了什麼。托著腮，我心想，或許以後學老鼠發出吱吱聲，叫久了，弟弟就會露出臉來。

但吱吱這名字很奇怪，沒人名字會有口字部的。要幫他取個新名字才行。

仰頭看月亮。它又大又圓，就像一枚太陽。

滋滋，早安。

§

機具的運作，越來越像幾隻有力的臂膀。

喀啦喀啦，臂膀揮著揮著，整幢樓似乎快承受不住它規律的蠻力。若整幢樓真被震垮，瓦礫堆裡，該會冒出一隻科學小飛俠吧？

我仰頭看天。

「阿豐！」往往這時，會有個男人的聲音粗暴叫住我，「叫你不要站那你聾了是不是？」

爸的躁怒彷如白天機具運作過度的餘熱，再突如其來，我都忍受。

但爸對弟，卻是截然不同的異常寵愛。爸的大腿，對弟來說，是暢行無阻的一座山。有好一段時間，我錯覺弟有著遠優於我的運動細胞，所以爬得上那一座名叫爸爸的山。

「阿振，爸為什麼買麥芽糖給你吃？」

「因為爸要買給我吃啊。」弟聽不懂我的用意，也說不出個所以然，只一逕舔著糖果。

我轉而走向媽，她在廚房正忙得焦頭爛額。「媽。」

「去外面玩，媽在煮飯，不要在這邊。」

高麗菜丟入鍋內，吵吵噴著油。

「媽，爸買麥芽糖給阿振吃。」

「不要吵媽，要吃麥芽糖，去叫阿振分你吃。」媽抓著鍋鏟，遲疑著要不要靠近鍋子。

「阿振為什麼吃得到爸買的麥芽糖？為什麼？」

「不要吵媽啦！快吃飯了不要再吃糖果餅乾了啦！」

§

我不輕易放棄找出那個「為什麼」的答案。日日夜夜，我豎起耳朵，等待真相浮現。

直到有天，阿公來了，我終於聽見答案。

阿公看到工廠經營得有聲有色，醉話不再，竟然端坐得像個好客人。

爸也不跟他搶酒喝了，他塞給阿公一疊鈔票，說：「省著點用，你工寮那邊就不用繼續做了，回南投種青菜吃，我會按時寄錢給你買酒。」

「阿源啊，以前跟你吵來吵去，你就不要放在心上了，有時候，人生就是這樣啦，再怎麼壞，也是自己的親人。」

我依到門邊，看到爸那張不屑的臉。

「若你幾年前會這樣想就好了，我今年也二十八歲了，如果還那麼好騙，我生意也不會做得這麼有聲有色。」

「唉，跟你說，你也不了解。」

「我怎麼會不了解，兒子是我自己生的。」爸將菸弄熄，翹起腿來：「咱家阿振出世後，我的運就跟著旺了起來。阿振的八字會帶旺。」

阿公眼睛一亮，緊接著爸的話說：「好在當初孩子有救回來，還是我幫你把阿蓮送去醫院的咧。」好像這樣說，爸就會多塞給他一些錢似的。

「幹！」爸輕蔑一笑，「說得跟真的一樣。」

「阿振是在我工寮出世的，再怎麼說你都要感謝我。至於你家阿豐喔，我看就隨便養就好。」

「幹，話都你在講，孩子都我在養。」

§

那個夏天，爸買了一大箱積木給弟。

看著那箱花花綠綠的積木，我心底莫名空虛。弟叫我陪他造城堡，我卻還是妥協地坐了下來，收下這弟弟帶來的好處。

偷偷藏了藍綠紅黃好幾塊積木去學校，同學圍過來。我跟同學說，我家在做消防器材，他們聳聳肩，不是很感興趣。

「等你們家失火，就等著後悔當初沒跟我們買！」

儘管大話撂得出口，我還是沒概念，爸憑這事業賺了多少錢。工廠的機具聲越來越大，大到彷彿整棟樓都快裝不下。

弟弟兩歲半那年，爸說：「要搬家了。」光這句話，我就猜到，一定是更大的一個家。

§

爸無所不能。爸力氣很大，爸對著南京東路，用力劈出兩個家。

6 南京東路

爸的腳往我一踹，我頭朝地，在地板上撞出滿天星星。一兩顆星星滴落地面，變成血。

我們拋下工廠所在的麥帥橋，正如過往拋下外婆的貨運行，拋下楊梅的眷村，拋下阿公的工寮。一家四口徒步朝著南京東路車流頻繁的方向前進，那是新家，兩間，等著我們。

其實也不算兩間，它們都在一樓，一間工廠，一間住家，中間打通，沒有門，媽說那叫連通口，像一處不為人知的秘道。如果地震震垮了一邊，就要緊急透過連通口，躲到另一間屋子。

這是第一次，我們家門外有那麼多車流。我等不及告訴媽媽，鐘要掛哪裡、Lucky住哪裡。也終於，我和兩歲多的弟弟，有了自己的房間。兩人住一間，但仍稱得上是自己的房間。

倒完垃圾，我汗流浹背走回大門邊，看到爸和弟圍坐客廳地上，有說有笑組裝著曬衣架。爸抬頭看了我一眼，又隨即轉開，埋頭找零件。那枚零件的功能，就是讓爸不必看我。

我輕輕走過客廳。

「阿振，幫爸找一下華司。」

「華司是什麼……」弟愣愣覆誦，拿了個東西給爸。

「那是螺帽啦，不是華司。華司是墊片，墊在螺帽下面的。」

我側頭，剛好瞥見爸笑著摸摸弟的頭。

我洩氣地低下頭，卻看到腳邊一枚圓圓扁扁、中間有個洞的鐵片。我本能蹲下，將它撿起拿在手上，打量著。

然後我望向爸。這一刻，他也正好跟我四目交接。

鏗！

我額頭一陣劇痛，整個人跌坐地上。一切來得太快，以致我分不清剛剛爸拿了什麼往我頭上砸。

「幹！我們找華司找了半天，結果被你拿去！你當做是玩具，那麼好玩哪？」

我摸摸額頭，忿忿不平：「又不是我拿的！」

「幹恁娘雞掰！你再給我講一聲……」爸起身，像面瞬間激起的浪牆，往我淹過來。

我扶著牆，節節後退，開始呼救：「媽……媽……」

爸的腳往我一踹，我頭朝地，在地板上撞出滿天星星。一兩顆星星滴落地面，變成血。

「怎麼？不高興？不想住就去睡馬路！我開工廠不是來養你這個畜生……」罵著，他往我後腦杓又是一踹。

「好了啦、好了啦！阿源，你在幹什麼？」媽快步過來擋爸，他一把甩開媽，我聽到木板牆上掛鐘抖了一下。

爸又踹了我兩下：「氣死我！氣死我！」

「好了啦！一個小孩子而已，有需要氣成這樣？」媽將爸推開。

「呸！」

一口痰，落在我臉上。爸腳步聲遠去。砰！大門甩得驚天動地。

媽攙著我起來，我吸著鼻血。「阿豐，你頭抬高。」

我看著天花板，心底慶幸著自己還有那麼一點氣死爸的功用，否則，沒最後那兩句話給他潤喉，這頓打恐怕沒完沒了。

「搬來這邊開銷大，你爸最近情緒比較緊。」

我點點頭。

「吼，你頭抬高啦！」

§

接下來幾天，媽朝牆壁潑灑調了洗衣粉的清水，將牆壁刷成一件新衣服。媽從不讓人失望，連洗衣粉包裝上的主婦，都對成果露出滿意不已的微笑。

新衣般的牆面裡，人們進進出出，忙得不亦樂乎，原本硬安上的「工廠」稱呼，也逐漸理直氣壯起來。雖然它座落於我們睡覺地方的隔壁，但也算家沒錯。畢竟，我們睡，工廠跟著睡。

日子彷彿就在這裡定型了。我有預感，這是我最後一個家。就在這裡住下來，不會再搬遷了。因為這樣，心底總忍不住想：爸驟變的性情只是一下子、一陣子，只要他願意再對我好，我隨時可以卸下心防，跑向他，用力抱住他。

有次放學回家，看到弟膩在爸懷裡，小手握了根麥芽糖，滴得到處都是。

我視線與爸對撞後隨即彈開。

「阿豐。」爸叫住我。

我眼眶湧進淚水，難道爸也有買我的？

爸停了一下，說：「去拿抹布來擦一擦！」

擦一擦。夜裡口渴，我走向廚房，摸到碗，喝水。「滋滋……滋滋……」我不忘低聲呼喚滋滋的名，爸臉孔越是嚴肅，我就越相信，滋滋會出現。現身安慰我。

§

機具聲彷彿刷啦刷啦印著鈔票，噪音越來越規律，也越來越囂張。

南京東路上往來的人們不在乎，這本是個賺錢的地方。

日子看似變好，但我身上不斷添換的傷痕，讓我羞於待在教室，就算同學不理睬我，我也提心吊膽他們會突然掀開我上衣，哈哈大笑……於是三不五時，我翻牆蹺課，好多次，我拿著媽給的區區一塊銅板，在商行和漫畫店之間猶豫不決，多數時候還是右手給漫畫店拉著走。

跑啊跑。

漫畫店前，我喘著，喘著，卻不自禁對一排又一排的漫畫書微笑點頭，蹺課偷來的珍貴悠閒時間，就不聲不響給了《西遊記》。早已養成看一本花十分鐘的習慣，拇指食指中指邊累計本數，心裡默算何時該離開——但時間偶爾還是悄悄轉眼不見。緊壓著指頭看漫畫，媽說：「再這種姿勢，要近視了。」一種「媽媽不知我在這」的快意，逐漸與孫悟空牛魔王對決的緊張刺激合而為一。也是從漫畫，我才意識到，時間是摸不到、卻會悄悄跑掉的東西。

漫畫店深處有間密室，敲兩下，門會打開，迎面襲來的春宮雜誌，大胸脯、大屁股，應有盡有也難以形容。我常想，如果爸知道我來這裡，到底是會先把我打死，還是會責怪我不早點告訴他呢？

爸的錢只會越賺越多，不會越賺越少。他越想多給弟一點，對我的鄙視，就會等量增加。

日子真的不會再變了。

§

一如數學課從加減進階到乘除，爸對女色的需索飽和到須以乘法來換算。他越來越常外出應酬，我常聽見女聲徘徊在家門外。而他碩實、粗蠻的大手，也越來越揍上我的身。

直到那一夜，大手逼得我這一輩子一定要用力記住它。

那天我流連漫畫店太晚回家。回家後先偷探了一下工廠窗戶，媽還在加班猛按計算機，弟坐在她腿上。

我心想，爸八成去物色新阿姨了。信手推開門，我沒帶戒心，未料藤椅轟然湧起一陣狂濤般的黑影——

「啊！」我驚叫出聲，隨即定住。

黑暗中有那麼幾秒，我感覺自己受困在一池爬滿毒蛇的水塘內。

「阿豐！」

我多麼希望當爸酒後倒嗓時，他的力氣也會隨著粗澀嗓音減弱。不幸的是，這念頭錯得離譜。

「去哪裡了？」

「去……」

「大聲一點！」

「去……」黑暗中，我發著抖，「去看漫畫。」

「看漫畫！」桌子飛了過來。

喀啦喀啦……打火機、菸灰缸撒落滿地，還有幾枚失去方向的銅板，撞了牆。

「漫畫會教你賺錢是不是？啊？」

有股怪手般的力量一把將我拎起，我不敢動、不敢吭聲，只希望有枚銅板快快滾到隔壁跟媽媽求救……

「幹！」

那隻手將我往牆角重重一摔，我手肘麻筋著地，整條手臂突然如著火般，痛出淚來。

「我……我……我去看《西遊記》……」

沒等我講完，爸一步上前，往我肚子用力一踢。

「下次不敢了！我下次……噢！」

第二下。

我沒命地往廚房連滾帶爬，鍋碗鏗鏗作響。我接近後門了，伸手快搆到後門了——一隻巨人的腳將我踩平。

踩平。

臉緊貼地，我看到好多螢火蟲，在空中飛來飛去。

屋外Lucky嚎叫起來。

媽……

「幹！幹恁娘老雞掰！幹恁祖媽十八代！」

幹恁祖媽十八代……

兩歲時，我曾跑到外婆家斜對面刀削麵攤看老闆揉麵，他嫻熟的手，將麵團往木砧一丟、再丟。此刻爸每一句話、每一個踹，讓記憶中那團上下跳動的麵團，又變得清晰了起來，在我黃黃綠綠的視網膜裡。

等爸踹到累，我也恍如一具平貼地面的標本，逐漸風乾。他野獸般的喘息充塞了客廳。渾身無力的我，恐懼絲毫未減。或許是使力過猛誤踢了桌角，爸跛著跛著，走回客廳。

走廊那端客廳，有束光，射過來。

然後，我看到了滋滋，我未能出世的弟弟，他終於出現了，滋滋。他是個男孩，頂著渾圓發亮的光頭，看起來比阿振還高一點。

滋滋就默默站在那頭，看著我。他眼睛周圍佈滿深邃的黑，像黑眼圈，也像瘀傷。慢慢我看出，他想幫我分擔一點傷。他一定想要幫我。

「滋滋，這樣也好。」我心想，這樣也好。

一行淚淌下，將我的臉和地板，分開。

好涼喔，滋滋。

好涼喔……

我變回弟弟剛出生的重量，只有兩台斤。

甚至更輕，隨時飄走都不奇怪。

7 小小的遷徙

當爸躺臥床上呼呼大睡，鼾聲傳來，我才稍稍感到安全。有時，我甚至走近爸媽房門口，偷聽動靜。我總認為，家中一定有我不知道的祕密，唯有透過虛掩的門，才聽得到。

我決定從此睡到工廠後方的小房間。那一夜，我抱走一個枕頭，天真地以為，有人會整晚焦急著找不到我。

沒人找我。隔天醒來，默默看著一隻壁虎爬到天花板一角。

§

我不能回去。

一點都不能。在這屋頂底下完成了這趟距離十來公尺的小小遷徙，是我唯一能夠提出的抗議。

可是這個抗議沒有聲音，他們也壓根兒感受不到。

我擅自搬到偏僻小房間後，弟弟當然哭嚷著要跟爸媽一起睡。他的八字注定要旺財，更是爸賺大錢、全家得以搬到南京東路的原因，因此他當然有權決定他要睡哪。我懷疑年僅三歲的他是否理解正在發生的這一切——如果五年、十年後，他細數起自己曾經獨享的一根根麥芽糖，到那時，他的心底是否知道，他有這麼一個曾經受盡委屈的哥哥……

我的小房間天花板浮漆斑剝，入夜安靜得一片死寂，彷彿我才是工廠的主人。我確信，我能在這裡做些什麼，但到底要做什麼，又屢屢讓我翻來覆去，輾轉難眠。

這小得可憐的兩坪空間，木地板就是床，縫隙中可見木黴，我不定時帶入一些小東西來裝飾這破陋的空間。裝飾，或許也是修補。最後，乾脆在枕頭邊放了個木製的聚寶盒，敲了會叩叩響，裡面放置我心愛的玩物。聽說，久了以後，那些小玩物會幫我實現願望。

我也更加好奇，不知道這房間以前曾經發生過什麼事呢……

這裡雖然聽不到爸媽臥房的聲音，但爸若是執意想衝過來揍我，也可以很快。爸不只一次證明：蛙人上了岸照樣可以很敏捷。他踹門力道之大，讓鎖釦也應聲落地投降。我有時被打到意識不清，腦裡慌急之間，眼前突然閃掠過好多張臉：舅舅在哪裡？外婆在哪裡？阿公在哪裡？

媽常常呼天搶阻擋爸毆打我，但失敗比較多。有回她情急之下想移轉爸的注意力，於是隨口胡謅說工廠員工萬金叔藏了一瓶洋酒不知在哪。那酒鬼信以為真，狂風速度亂颳廠房一遭，接著用力點菸生悶氣，險些燒掉自己的眉毛。

喝洋酒？呵，他知道酒杯怎麼拿嗎？

我看著我房門上奄奄一息的鎖釦，我不死心，一再用十字起子把它轉緊，畢竟它給我跳窗逃脫的求生秒數。無奈蛙人力大無窮，爆開的螺絲洞愛莫能助看著我，說：「算了吧。」

右手折騰到發麻，我沿牆癱坐地面，心想一定有方法讓爸沒那麼容易衝進來。

可想而知，當爸躺臥床上呼呼大睡，鼾聲傳來，我才稍稍感到安全。有時，我甚至走近爸媽房門口，偷聽動靜。我總認為，家中一定有我不知道的祕密，唯有透過虛掩的門，才聽得到。

§

那一個晚上，我突然驚醒，口乾舌燥。

躡手躡腳繞向廚房，爸媽臥房露出一縫微黃色的光和窸窣的吵嘴聲。

「阿源，不需要再花那個錢了啦！」

「妳一個女人是懂什麼？做生意該花的就是要花，如果連這點錢都花不下去，生意也別做了。」

「可是——我每天不就在做會計的事了啊，怎麼還要花錢再雇一個？」

「說妳不懂妳就是不信。我請的是秘書，是要跟我出去談生意，要打扮得美美、人家客戶看了會喜歡的。妳看妳這副模樣，蓬頭垢面，也不照一下鏡子，帶妳出去見客戶是能看喔？」

我蹲在電視旁的小角落，緊掩著臉。

媽陷入沉默。她受的委屈，一直都不比我少。
半晌後，終於，她說話了：「好了，睡了啦。」
爸沒答話。
「阿源，你要去哪裡？」
「出門啦！吵死。」
「你要去賭博喔？」
「哼。」
「不要再賭了啦！」
「幹！」清脆一聲巴掌，「妳再管，我一拳給妳早睡早起。」
我警戒地起身，卻因腿麻，又扶牆匡啷一聲，坐倒下來。
還好爸沒聽到。
他迅步走出臥室，我趕忙縮入電視櫃旁隱蔽的角落。
爸走向客廳，打開燈，胡亂抓起鑰匙、香菸、打火機，又忽然停住，看著一張單據。
我屏住呼吸。
在門砰一聲關上後，我才將眼淚拭去。

8 房內的變化

從沒被一雙有力的雙臂這樣抱過。原來是這種感覺，彷彿一個爸爸般的男人，呵護地抱著你，縱身一跳，從天上緩緩降落……

搬到這個窄小空間後，我常豎起耳朵，將隔壁廠房機具的運作細聽得清清楚楚。我能分辨著窸窣、唰唰、喀啦的不同。我也會大步通過工廠，用眼光指認那些機器，也跟作業員們打招呼。

唯有假日，工廠才安靜下來，不像一座瀰漫銅臭的印鈔機器。天氣放晴，幾個熟識的叔阿姨會聚攏到廠門邊，平時髒兮兮的工作服全都灰姑娘般變成了花襯衫、喇叭褲，也不必有南瓜馬車來接送，常常就是幾輛金旺機車，兩貼、三貼騎著走。我總是跨坐在他們中間，前後被兩個大人緊緊夾扁，但沿途吹風看著倒退的繽紛街景，好舒服喔……

過幾天，我蹺課看完漫畫後沒回學校，卻偷偷跑回家。透過窗，看到一個未曾謀面的女子，在工廠內的辦公桌旁與坐著的媽對談。

當然聽不到她們聊了什麼。

這就是爸上次說要新雇用的女秘書？她叫淑娟？

她會成為我們的一份子，加入往後禮拜六、日的公司出遊嗎？

我緊挨著窗，視線滑過她流麗的洋裝……如果是中國小姐選美，媽就要讓位了。

果然，媽起身，往這邊走。

我一溜煙鑽回隔壁家中。

弟在房間玩，喊了聲：「哥！」

我想他意思是，我為什麼沒在學校。

我斜眼瞪了他一眼，快速找出被他亂畫一通的國語課本。回家拿課本，這理由夠他住嘴了。

爸不在客廳。我突然有一種難以抗拒的感覺：我想要昂首走出客廳。

開始邁出大步走進客廳。突然間，我停步，在客廳角落，看到了滋滋。

這是自從搬到南京東路新家以來，他第二次來看我。他的臉色還是那麼蒼白，圓滾大眼怔怔盯著我，好像有什麼話想對我說。

他沒說，當然不會說的。

「滋滋。」

我一喚，他又跑掉了。

屋內一片靜謐。

低頭看，我記住了腳下這個遇見滋滋的位置，才繼續走出去。

§

過了幾天，我蹲在廠外餵Lucky。

「喏，要不要吃？」

淑娟姐手一伸，是一包熱騰騰的車輪餅。

「好！」我用力抓過，又順手丟了一塊給Lucky。

她整個人愣在原地。如果告訴她，我口袋裡有張五元鈔是剛從會計抽屜偷的，恐怕她那張塗滿口紅的嘴，應該會張得越大吧。

身為新進員工，還有個秘書的職稱，我知道淑娟姐還在戰戰兢兢適應這個環境。她一張臉青稚、秀氣，塗上口紅，是應酬所需。

「談生意，總要打扮一下嘛。」爸是這樣說的。

她不該擦口紅的。素淨的臉就很好看，可是爸那樣的老闆不讓她這麼做。未來她的職務，也可能全為了爸口中的生意、生意、生意。我希望她可以和媽成為好朋友，多聽聽媽的話。我打從心底相信，媽可以幫助她，成為一個更好的女孩。工廠男孩子那麼多，說不定，她也能交到一個不錯的男朋友，就像廠裡另一個阿姨所說的。

「像阿成也不錯啊！」跟淑娟姐混熟後，有一天我對她說。

「呵，那小伙子，我才看不上眼……」她斥責似地繼續說：「不過，他上次跟我聊到，他叫我告訴你要用功念書，不然長大就只能跟他一樣當作業員。」

「他？他為什麼不自己過來跟我講？」

「哈，有時候男人之間的關心，比較說不出口囉……等你變男人就知道了。」

淑娟姐說完笑笑離去。

我緊皺的眉頭久久無法鬆開。

§

阿成的外表看起來大約十九歲，高瘦，一副愛玩的樣子，雙眼透著一股英氣，卻總是把話說得含糊搞笑，惹得我老是想上前看清楚，他嘴裡嚼的到底是青仔還是葉仔。

「喏，分你吃。」結果是芒果乾。

阿成常加班，目的多半是為了跟萬金叔等人把酒言歡，有時唰唰唰發著撲克牌，嘴裡常含糊說些我聽不懂的牌桌術語，偶爾還有滑稽的台語歌，一群人像是就地歡慶中秋佳節似的。我常輕輕走近門邊，貼著耳捕捉隔牆那群人「好玩」的醉態，聽著聽著，我忍不住渴盼，爸有一天也能變成這樣。

但爸，每每令人失望。

§

有那麼一個晚上，我被一個聲音擾醒。原本輕擋門邊的鐵凳，開始喀啦喀啦自己輕輕行走。很奇怪，但我不怕，我就是知道那不是爸。

當然不是爸。

緊閉眼，我裝睡。

然後，一襲體溫，緩緩覆蓋在我身上後，將我摟緊。

阿成的酒氣朝我耳邊吹拂，很規律，不像打呼。我知道他醉了，也或許沒有。不論他醉意多或少，我確知，他清楚意識到，自己雙臂正環抱著老闆的兒子。

我，不動。

不敢動。

從沒被一雙有力的雙臂這樣抱過。原來是這種感覺，彷彿一個爸爸般的男人，呵護地抱著你，縱身一跳，從天上緩緩降落……

是降落傘，很安全。

酥酥麻麻的，暖暖的。不是站立高樓邊緣那種腿軟，是一股微風般的涼意，通過身體，卻好暖……

我看到好多風景，有瀑布，有楓樹，有翩翩湧來的蝶群，全是風景明信片裡才看得到的景色，阿成的酒氣一起一伏，帶著我倆隨風向一左、一右……忽高……忽低……我們正往地面緩緩降落，從喉嚨、到胸膛、肚臍。

原來被一雙屬於爸爸的臂膀呵護地抱住，是這種感覺……

我們緩緩降落，伴著酒的氣味，忽高、高低……

忽高、高低……

直到那規律的喘息轉為鼾聲，我流下了淚。

9 酒的故事

在那裡，曾經有一雙醉手，硬生生剝光一個小孩的衣服，毒打後以鐵絲綑綁，朝著馬路丟出門外，朝著急馳的車流裡面扔！尖銳的緊急剎車聲，救了那小孩一命。

爸給了我臉。

爸給我鼻子、牙齒，給了我幾件轉眼就不合身的衣服，也給了我一副粗框眼鏡。破了，再給另一副。

爸給了我一張不像他的臉。

§

「阿豐！」

我抬起頭，揉揉惺忪的眼，呂時珠老師的臉，一片模糊。

「你發呆啊？」

「我……」

「黑板上這個字怎麼唸？」

緊瞇起眼。

「阿豐！」

「老師，我……」

呂老師走到我身邊，視線被我腿上的傷所吸引。

「阿豐，你……又惹爸媽生氣啊？」

全班大笑，我將腿縮得緊緊。

「沒有啊。」

呂老師若有所思，嘆口氣：「你黑板上的字到底看不看得到？」

我瞇起眼：「看……應該看得到吧。」

「真的嗎？」

「我……」

呂老師的臉越來越模糊……

§

我配好眼鏡走進家門那一刻，氣味和聲音告訴我，爸在飯桌吃滷味配酒。不知怎麼，我站在走廊的這頭，停步，豎耳聽爸的咀嚼。爸看到我戴新眼鏡，會不會說什麼？心底油然升起一股忐忑不安的得意……

等爸看我……

四目交接的那一刻，他只是噗哧一聲，淡淡那種冷笑。兩秒。隨即回到他的酒杯裡。

我背脊一涼，一溜煙躲進房裡，像隻受驚嚇的松鼠。臉埋入枕頭，我想著眼鏡店那台驗光機裡，遙不可及的光。透徹，暖亮。

§

「你們呂老師，白天有打電話過來。」媽邊縫衣服邊說。

我緊張地坐直，不敢正眼看她。

媽也沒看我，只是低頭繼續縫學號牌。

「你最近又蹺課？」

我直盯電視機，劉文正在裡面唱著：小雨打在我的身上，雨水洗去憂傷……

媽一吼：「說啊！」

「就是去看漫畫咩！」答得理直氣壯似的。

出乎意料，媽沒生氣，只是悶著不出聲。

我渾身不舒服，好想離開客廳。〈小雨打在我身上〉唱完了，我發現媽緊摀臉，啜泣著。

「媽……」我鼻子一酸。

「你們老師問我說，為什麼你們阿豐腿上都是傷……」媽眼淚撲簌簌而來。

「又不是妳打的，妳不要哭啦！」

「我什麼話都不敢講。講了，我臉也沒地方擺——我怎麼當媽媽的？讓自己兒子去不了學校。」

媽縫學號的手沒停，激動之間，也扎傷食指，一滴血珠冒出來。但那一扎，讓她好過了一點。

過去短短一個月之內，我眼鏡已換了第三副。第一次是被爸一巴掌打飛，另一次被他用力踹臉，眼角多出一條淺疤。最後，他丟了兩百塊給媽的臉：「拿去配新眼鏡！」我氣，明明眼鏡戴我臉上，為什麼要把錢往媽媽的臉上丟!?

我氣，卻不能怎樣。

媽的哭聲一發不可收拾，但她手上有針，我不知該怎麼抱住她，只好蹲到她旁邊，握著她手腕，繼續聽她說：「阿豐，媽這樣吞忍，都是為了你好，如果你沒有爸爸，是會被笑的，你不要怪媽……」

我用力搖頭，眼淚奪眶而出：「媽，我不會怪妳啦！妳不要這樣講！妳再這樣講，我……我就不跟妳好了！」

「阿豐……」她將針一丟，摀住臉痛哭起來。

我想，媽一定希望我可以跟學號牌一樣，乖乖被縫好，貼齊制服。但我不能。我沒能安慰她別哭，也不知該怎麼安慰她別哭。

我想不出有不哭的理由。

但還是沒答應她以後不蹺課。

§

渾身傷，我不想坐在教室裡。

§

工廠與住家之間的的連通口，被爸的蠻橫、暴怒給挖鑿得一天比一天大。每當趺宕的腳步傳來，我總是不由得豎起寒毛，深怕自己的小房間堡壘又被攻佔了。

爸的醉步，一再將夜晚擾醒。「放熱水！給我去放熱水！」我戰戰兢兢靠近房門邊，不忍多想爸抓扯媽頭髮將她從床上揢起的畫面。摀耳，再放開，我連不聽的勇氣都沒有。

「妳是瘋婆子啊？頭髮不會梳一梳？半夜裝女鬼嚇我？」

劈哩啪啦，是媽的尖叫聲。

我臉上迅速爬滿了淚，為自己的無能為力。

爸將媽修理了一頓，又一頓。我卻做不了什麼，一如爸打我，媽能做的也有限。

沒多久，回歸平靜。媽善於找個角落將哭聲速速埋藏，「給鄰居聽到不好，生意還要做。」她說過，或許這番話的意思是，她哭跟我哭不一樣。

哪個小孩不哭的意思。

也好，爸打媽不會像打我那樣蠻狠。

他還要靠她賺錢。

§

當員工們圍坐吃火鍋，整個客廳又可愛起來。梅芬阿姨說她兒子快考高中，書念得不好，笑著要新來的阿逸去教教他。

阿逸念東吳大學，課餘來打工，大家對他讚佩有加，也玩笑著調侃阿成，要多學學人家。

阿成端碗坐在電視旁矮櫃吸吮排骨，一臉故作無辜，好像自己很乖，不喝酒，不玩牌，每天都按時回家。

真想給他一巴掌。

淑娟姐還是秀氣，笑都不露牙齒，看得出她最近比較適應我們這班人的相處模式了。但在大家面前，她仍是端莊素淨，拘謹得像要跟誰一決高下。

弟弟在他們腳邊鑽來鑽去。員工們新養的那隻兔子「嘟嘟」也在——據說平時幾個大男人輪流帶回家養，一上班，兔子就會出現。我非常喜歡「嘟嘟」，也因為這樣，我更愛看到他們了。

如果客廳是一片銀幕，那麼此刻這合家歡畫面裡的演員們，一定難以想像，同一空間裡，曾經上演過什麼戲碼。若他們親眼目睹換新菸灰缸的原因，怕要驚嚇著從椅子上跳起。往往這時，我心情又會平靜許多，他們有些知道、有些不知道自己日復一日的勞力，為公司賺了多少錢。相較於每個月那份薄薄的薪水袋，偷閒聚在一塊聊天，總能沖淡心中種種不平。

我微笑，為這珍貴的團聚，什麼苦都值得隱忍。

「阿豐，你手怎麼了？傷成這樣。」阿逸沒頭沒腦對我臂上的傷發問。

我看碗，不看媽媽的臉。

一截玉米浮於湯上，緘默著。

好一會兒，梅芬阿姨淡淡說了：「誰家不打小孩。」替凝滯的氣氛解了圍。為了保住自己的工作，沒人敢指責老闆的不是。也或許，那對他們來說，就真只是打小孩而已。

§

學校要去酒廠做課外教學，我照例逃學了。因為，關於酒，我不想知道更多了。

既是課外教學，就不算逃學。

坐我旁邊的廖祥杰顯然對酒的製程深感興奮，纏著我滔滔不絕：「跟你說，那是一台很大台的機器，還會發出很怪的聲音，好像裡面有怪物，你沒去好可惜！」

我笑了笑。

後來放學，廖祥杰說要還漫畫，並肩走著經過了我家。原本我們打打鬧鬧，但逼近我家門前的馬路旁一棵行道樹的位置，我本能繞開那棵樹。

「你為什麼要繞去那邊？」

「沒有哇……」

「你明明就有，不想走樹這邊！是不是怕被樹妖抓走啊？哈哈……」

我要如何描述曾經發生在那棵樹旁邊的事？那是我生命中最不堪、最可怕的一件事，永永遠遠烙印在我心底最深處。在那裡，曾經有一雙醉手，硬生生剝光一個小孩的衣服，毒打後以鐵絲綑綁，朝著馬路丟出門外，朝著急馳的車流裡面扔！尖銳的緊急剎車聲，救了那小孩一命。

那一天，南京東路晴空萬里。

§

比起台北酒廠，我有更多酒的故事，但不想告訴廖祥杰。

那次痛打又扔馬路事件，害我差點被車撞死。而爸無理取鬧的醉，也宛如再也醫治不好的病。

翻開相簿，我才敢正眼看這個名叫爸爸的人。他眉毛粗黑，如利劍般順著眉頭挑起。雙眼，則瞇到看不出心底在想什麼。一襲中山裝，是他常見的打扮，衣服下的性格，卻與國父完全相反。看他越久，越是坐立難安。偏過頭。闔上相簿，我想著爸去當兵的地方，想像他受過哪些嚴苛訓練：碎石上滾來爬去，嘴巴緊貼泥濘水，彷彿可將整座澎湖島一飲而盡……這都是媽趁晚上爸還沒回家，偷偷跟我說的。說的時候她眼裡釋出莫名恐懼，彷彿爸來自某童話故事的陰森樹林。

當蛙人之前，他就抱過我。去了澎湖，日日夜夜咬牙苦捱過煉獄般的日子，他滿腦子貼滿兒子的畫面……假設我是在他當兵期間才出生，那他當蛙人受苦時，腦裡就不會浮現我的臉。或許，後來就不會這樣對待我了。

我這麼想。

§

和廖祥杰一起走路回家之後不久，有一天在工廠裡我看到阿成幫忙修理水管，將工具箱忘在客廳。

「修好了。」我還記得他走之前這樣說。

不曉得為什麼，就是牢記這三個字，修好了。

入夜，我還在趕國語課的生字作業，因為剛剛迷著看漫畫，功課沒寫完。

籃籃籃籃籃籃籃籃籃籃籃籃籃籃

轉轉轉轉轉轉轉轉轉轉轉轉轉轉

灘灘灘灘灘灘灘

檯燈監督下，我快速刷動筆尖。

聲音很快就來了。

爸跟某個女人的爭吵。

「……用過不用付錢是不是？」

「付錢？妳當妳高級貨，很好用啊？」

灘灘灘灘……

筆尖加快速度。

那女的顯然憤怒異常：「我操你媽！操你全家！工廠開在這邊擋路？不要以為我不知道你幹了什麼勾當，小心叫警察來抓你！」

「幹！」

灘

我寫不下去了。

「啊……你打我……你竟然敢打我……」

快快闔上生字簿，矮桌上的東西一把掃入書包。

外面的爭吵聲細細傳入門縫。在這霎時之間，我腦海中晃過學校裡週會曾經告訴我們的：火警時，趕快用濕毛巾塞住門縫……

「喂，你們吵什麼啊……」傳來媽媽的聲音。

那女的開始嘲諷媽：「妳怎麼教的啊？妳老頭外面玩女人不用付錢啊？工廠開那麼大，快倒了是不是？」

接著是爸的怒吼：「什麼叫我不付錢？妳項鍊誰買的？頭髮哪來錢燙的？我幹妳娘臭雞掰，燙個雞掰頭，厲害了是不是？啊！信不信我一拳給妳升天？」

「拉什麼拉啦！不要拉啦！」

我咬指甲。

「要錢是不是？拿去！拿去！不要再來了……」媽顯然想把那女的打發走。

但爸不願意。「不要給她！給我拿回來！」

我緊張起身，來回踱步。

「妳不要給我走！有種給我留下來！」

「我今天走是便宜你，如果不是煞衰，才不會遇到你這個澎風自己多有錢的敗類！你當我閒啊？穿高跟鞋不累啊？」

「幹！妳不要給我走！」

「好了啦！不要亂了啦！」媽還在苦勸。

爸將怒氣轉到媽身上：「妳好大膽子，把我賺的錢拿給別人！」

「啊……」

打鬧聲貫入屋內，我心怦怦跳，再也無法忍受腦內的畫面。我用力擦去眼淚，開門往他們跑去。

「阿豐，進去！門鎖起來！快！」媽嘶喊著，「快！」

「你不要打媽媽！」不知哪來的勇氣，我用力抓住爸的手。

爸脹滿血絲的眼，陰暗中就像關公：「幹！」

他朝我一踹，我倒退三步，跌坐在地。

「媽！快進去！」

「你不要打阿豐！你不要打阿豐！」

媽從後面抱住爸，我想起身，爸再往我腦袋一踹，我眼前一黑——

……星星散去時，我發現自己的雙眼正在直視地板。

媽呢？

「讓我進去！讓我進去！」我聽見屋外媽在拍打著門，哭喊著。

在Lucky嚎叫的同時，我感覺到一雙蠻力無窮的手，把我抱起……早已不記得，上次被這樣嬰兒般抱起，是什麼時候了。

可是眼前的感覺一點也不像嬰兒。好痛……

這個男人拿出了粗鐵絲，將我雙腕綑住。然後，他化身成一輛怪手，再度將我挖起，掛在空中。我一時之間完全搞不清楚到底自己身在何處，花了好一會兒才發現，這是工廠與住家之間的那個連通口。

我面對廠房的方向，虛弱地抬起頭，看到鐵絲牢牢扣住上方那根水泥釘。

水泥釘夾困我兩腕之間……

咻！

「哎！」

有條皮帶，從爸腰際，飛到我背上。

Lucky持續嚎叫……

整個屋子跳起舞來。

咻！

「啊！」

「阿源！你不要打阿豐！你要打就打我，你快開門，我讓你打，要打就打我！」

咻、咻……

咻！咻！咻！咻！咻！

鞭聲累了。

Lucky也累了。

媽的聲音沿著牆壁滑落：「把我打死好了！」

我強烈感覺到背上的鞭傷，皮膚彷彿被一條條炙燙的高溫給撕開。

緊緊咬住自己手臂，想把眼淚吞回去，臉還是濕了一大片。

「阿豐，你有沒有怎樣？」媽從工廠窗戶探著頭叫我我。

「媽……我好怕……」

「阿豐，你爸呢？他去哪裡？」

「他在廚房裡開瓦斯。」

「你撐一下，媽馬上就進去了……」說完，她扯嗓大喊爸的名字：「阿源！」

我的手痛得不得了。媽越喊，我就越怕爸又突然衝過來。

然後，我聽到弟的聲音。

「媽……」弟怯怯啜泣著。

媽媽想叫弟弟開門：「阿振，快！把門打開！快！」

懸在空中的我，從來沒有高過弟弟這麼多。

我看見弟弟猶豫地探頭看廚房裡爸的身影。如果弟弟的動作快一點……

「快！阿振，快開門！」

來不及了，爸已怒氣沖沖走回來：「進去！」他一聲令下，弟迅速躲入房內。

眼鏡早不在臉上的我，本以為爸手上拿的是一根筷子，或調羹。

力大無窮的爸，一把將我衣服扯破。

一陣冷風吹上背脊……

「爸，你要做什麼？不要！——不要！」

「阿源！」媽也在喊。

嘶……

灼燙的螺絲起子，離開我時，帶走一層皮。

冒著煙……

「啊啊啊啊啊……」

我早已不確定，耳邊淒厲的慘叫聲，是媽媽還是我發出的。

那一刻，我恨這屋內所有的一切。我恨我自己，我不想待在我的身體裡……

「住手！阿源，你還是不是人哪你！阿源！」

我只能藉媽的哭叫聲，去猜爸對我做了什麼。

打死我吧！爸，讓我快快脫離這個世界……

咻！

又是一鞭。

「啊啊啊啊！」

我淒厲的慘聲，響徹鄰里。

一定有人聽到，一定有。

但他們去那裡了？

咻……

滋滋，我討厭你！為什麼你要逃跑？不來陪我、不來幫我！

咻！

阿成，我討厭你！你為什麼要把工具箱忘在客廳，給爸機會把裡面的螺絲起子拿去燒，燒完之後來燙我……我討厭你……

媽，我——

「媽……」媽呢？我慌張地左張右望，媽去哪裡了？

喀啦喀啦，屋後那扇小窗被打開，匡啷！有個聲音竊賊般跌落，媽使盡全身力氣嘶喊道：「阿豐！媽來了……」

我眼眶湧進解脫的淚水：「媽！」

媽急奔而來——

「阿源，你不要打阿豐，我做牛做馬，你叫我做什麼我都做……」她上前要將我解開，可是爸一把抓住她頭髮，將她重摔地上。「啊！」媽媽卻又奮力爬起，變成神力女超人，衝著爸狂打：「你沒良心、死沒良心，你要女人就去外面，出去！你給我死出去！」

看著他們扭打一塊，我吊在半空中，無能為力。

我無能為力……

「幹！瘋婆子！」

這個名叫阿源的男人，一拳讓她倒地。

「啊！媽！」我大喊出來：「你這個死老頭，你不要打媽！你放我下來……你放我下來啊……啊……」

我奮力扭動下半身，想要踢他。

老頭不需要理我。他拖著昏沉沉的媽，往大房間迅步走去，再轟一聲將門關上。

「阿豐！」那扇門彷彿有了生命，撲撲掙扎了幾下。他再度打開門，幾腳就將房內的女人解決，直到女人不再出聲。

咻！

又是劇烈的一鞭，讓我知道，老頭已走回我身後的位子。

「幹！你剛剛叫我什麼？啊？你骨頭硬是不是？」

「死老頭！幹！你去死啦！幹！」我對看不到老頭的那個方向猛吐口水。

咻！咻！

「啊……我要媽媽……我要舅舅……啊……」

看不到，但我清楚感覺到，時鐘秒針加快腳步走著，它們也想趁機逃跑。

瓦斯爐的火還燃著，照亮廚房一小角。

我房內的檯燈，嚇到偏過了頭，與書包面面相覷。

屋內另一端，傳來小男孩間歇的啜泣，交疊著老頭規律的喘息。

啵一聲，酒的氣味襲來。聞到酒氣，我心裡竟然有了得救的感覺……安全了，那堆液體能讓老頭倒下，徹底倒下，甚至快快帶他去另一個世界。

我豎起耳朵，追蹤接下來的動靜。

……聽覺清晰起來。我發現，那個小男孩的哭聲，不是弟弟的。

滋滋走到我面前，不遠處，怯怯看著我。

我比他還高，高很多，高到彷彿不只是哥哥。

「滋滋……」

我緊忍淚。不能哭，哭了，就不像哥哥了。

滋滋，原諒我剛剛說我討厭你。我沒有討厭你。雖然，我承認我真的想過，如果當初你有來到這個世界，就可以取代弟弟阿振，成為老頭口中那個旺他運勢的兒子。這樣，說不定，阿振就可以幫我分擔個幾鞭……

可是，阿振那張好吃麥芽糖、天真無邪的臉，又讓我於心不忍了。

還是我來就好了。

老頭，你打我就好了。

仰高頭，讓眼淚流入耳朵，再看著那根支撐我重量的水泥釘。平時，它悶悶躲著，低調得猶如屋內一顆痣……但此刻它真正派上用場了，沒想到承重力如此驚人。

我相信，一到早上，水泥釘還是會可憐我，放我下來。

沒多久，鼾聲傳來，老頭服服貼貼，擁著藤椅入眠。

儘管身上滿布崩裂的痛，但至少，食指上撕裂的指甲，是自己咬的，與他無關。與老頭無關。

想到身上有一小撮痛，不是老頭造成的。我燃起一股動力，摳弄著它，將那隱微的痛楚慢慢摳大。

我要把這身上與老頭唯一的無關，越摳越大，擴及我的臉，我的腿，我全身。

10 骨與肉

記住老師的話，好好念書，你爸打你的時候，一定要跑，念書就是向前跑，記住老師的話，一定要向前跑。

媽羞愧地低下頭來。

空蕩蕩的教室，空氣又僵又悶，滲入我背上的傷口，刺刺的。

「妳這樣真的不行。」

呂時珠老師直直看著媽，一點也不打算將眼裡斥責的火力轉小。

「老師，對不起啦，老師……」

「妳對不起的不是我。」呂老師嘆口氣說：「阿豐如果不是你們親生的，我拜託你們，就把他送給別人好了。」

媽猛然抬起頭：「阿豐真的是我的親生骨肉啊！孩子的肉，也是我的肉，阿豐痛，我比他更痛。呂老師，妳不要這樣講，我好難過……」

「看他整件衣服都是血，我這個做老師的真的看不下去。」呂老師望向我，我將頭低下，往教室外走。

「老師，我知道，可是我家阿源力氣很大，我真的擋不了他——」

我靠在門口，偷聽她們對話。

「擋不了？」

呂老師注視著媽，良久，久到自己過往的故事都快要呼之欲出。

「田太太，或許妳可以考慮離開。」

「離開？」

「嗯，帶著孩子離開。」

「我……我不能離婚啦，離婚的話，孩子會被笑。」

被笑？

呵。

被笑……

陽光很大，但我絲毫感覺不到溫度。把淚曬乾也好。

回家路上，不想看媽哭過的臉。我很想加快腳步，卻怎麼也不忍將她丟在後面。

呂老師堅持要我跟上功課，要我放學後留下來，她幫我課後補習。某種程度，也是為減少我挨老頭揍的機會吧。不管怎樣，媽都一百八十度鞠躬謝過人家了，我還能怎樣，看來往後放學後只好乖乖留下來。

路上一個阿伯踩著電影廣告宣傳三輪車經過眼前。趁這機會，我一鼓作氣，拔腿奔去。

追著、追著……媽媽那句：「阿豐真的是我的親生骨肉啊！孩子的肉，也是我的肉……」不斷在我腦內盤旋。

呂老師是為我好，她說的都沒錯。

都沒錯……

加快速度，終於我追上阿伯，抓到一張小海報，是林青霞的「秋歌」，塞入口袋，彷彿體內多了點什麼。

鼓著口袋，走到家附近，忍不住抓出口袋裡皺扁的海報，拿高，和遠處戲院的廣告看板加以比對，端詳看板上以及小海報上兩種不同的林青霞。拿高小海報，太陽穿透林青霞的臉，這才是林青霞那張清稚臉龐，在大家心底發了光的模樣。

口袋還有些錢，我不等綠燈，直直衝過馬路，買了張票，走入影廳。

黑暗中，音響迴盪，林青霞對著秦漢流淚。秦漢伸出手拭過她臉頰。在我眼中，林青霞和秦漢，就是最完美的一對。如果他們拍完電影之後，兩人還想在一起，那麼，我很想買票加看這場電影。

§

教室裡，只有我和呂老師兩個人。

我唰唰唰寫著她給的習題，黑板上字好大，也是一人份的。

為了快點回家，我只得絞盡腦汁，專注將一個一個的數學公式解開……偏偏我又不知道，歸心似箭到底是為了什麼。

「阿豐。」呂老師喚住我。

我抬頭，看到夕陽映在她臉上。

「你爸還會打你嗎？」

我停了一下，知道騙不了她，只好點點頭。

她站起，往我走過來。

我本能往後傾。任何人想走入我心底，都是困難的。

呂老師看著我，說：「不管你爸怎麼打你，你一定要念書，證明自己給他看。」

「我不想證明給我老頭看。」我搖搖頭，眼淚掉了下來：「小時候，我拿一張一百分的考卷給他，他看都不看就丟了，說做生意才有用，一堆大學畢業的都幫他拿公事包。」

「拿公事包？你看我有幫他拿公事包嗎？」呂老師蹲低身子，看著我，「這個世界不是只有你家工廠那麼大而已。工廠外面街道走出去，路還長的呢！不管你以後想做什麼，多充實自己、多念書，就能贏在別人前面。你也不可能永遠跟他一起住吧？你不想吧？」

「不要，我不要！」我哽咽著。

她停下，等我哭完。

昏黃陽光，照著我們。

「看到你這樣，老師也很難過。但我只是一個老師，能幫你的也不多。記住老師的話，好好念書，你爸打你的時候，一定要跑，念書就是向前跑，記住老師的話，一定要向前跑。」

向前跑。

§

「好不好吃啊？」阿成問我。

「嗯！」

我點點頭，吐出骨頭。

每當工廠裡的叔叔哥哥請我吃好料，我心底便稍感溫暖，不再那麼委屈了。

嗯，這次真的好好吃。

「還要不要？」萬金叔問。

「很飽了耶！」

「沒關係啦！多吃點才長得高嘛……」

萬金叔和阿成交換了一個眼神，兩人在竊笑。我不知道那是什麼意思，只想快點吃一吃，好去看《原子小金剛》。

「嗯！好吃。」擱下碗，我準備走。

「阿豐。」

「嗯？」

「你知道你剛剛吃的是誰嗎？」

「誰？什麼誰？」

「你吃了『嘟嘟』。」阿成笑了，露出紅色的牙縫。

「嘟嘟？」是他們養的那隻兔子。

「嘟嘟啊！」他比出兔耳朵。

那瞬間，我彷彿看到兩朵兔耳掉落地面，但很快就知道，掉落地面的是我的膝蓋。一手抓著桌沿，狂吐起來。吐完用力咳。看到桌上不尋常的骨頭，我又是一陣反胃，再吐，吐到喉嚨灼燙，好痛苦。

「你還好吧？」阿成拍撫我的背。

我毫不猶豫，用力甩開他的手。「你怎麼可以這樣!?」

「阿豐……哈哈哈……」

「你怎麼可以……」我捶打他，眼淚迸出眼眶。

奪門而出，我牽著Lucky往麥帥橋下奔去。看著舊家，我淚流不止。舊家，我對不起你……嘟嘟，我對不起你……

我用力揮甩手臂，想把阿成抱過我的記號用力甩掉。

就是甩不掉——

萬一甩掉了阿成抱過我的記憶，那麼我還剩下什麼？

老頭打我。媽救不了我。現在連叔叔哥哥都要欺負我。

「Lucky……」

我抱住Lucky，放聲大哭。

§

接下來幾天我發著高燒，咳痰，而且發誓這輩子再也不跟阿成講話。也正好發不出聲音來。媽替我請了幾天假，我則泡進電影院，把林青霞和秦漢主演的「無情荒地有情天」兩遍五遍十遍看個夠。

從第二排、換到第三排，換到第四排。

我喜歡這種隨時可以調換位子的黑暗，像捉迷藏。電影裡的林青霞與秦漢笑著，彷彿是正在找尋我的爸爸媽媽……

「阿豐……阿豐……」

我躲起來，不給電影裡的人找到。像一個頑皮的兒子，躲在椅背後，笑著偷看他們相親相愛，聽他們的台詞。

你覺得，我有那麼容易上當嗎……

哈哈，那要看看，我怎麼哄騙妳囉！

這樣的爸爸媽媽，是遠東百貨公司服飾櫥窗內才看得到。

劇終兩字大大疊上，燈亮，我赫然發現自己置身最後一排。

我，早已經像是隨著電影的進度一樣，身形開始長大、長高，在學校裡的座位換著換著，被老師叫到最後一排坐下。

§

該回家了。打定主定冷戰到底的我，為了避開阿成，於是攀爬後門窗戶跳入屋內。

匡啷——

走經儲物間，聽到裡面微微傳出窸窣響聲。以為是老鼠，再走幾步，突然，我出現一個念頭：阿成是騙我的！他沒害我吃嘟嘟，他和萬金叔把嘟嘟偷養在儲物間，他們想要找一天公布真相給我一個驚喜！一定是這樣的！

我一喜，一把用力將門打開。

淑娟姐，跨坐在老頭腿上。她裙子撩得高高，像沒擺好的櫥窗模特兒……

老頭瞪我：「去！」

我反應不來「去」是什麼意思，只是僵在原地。

「看什麼看？回你房間去！」

砰！他一腳將門踹回。

回過神，竟有點訝異，他沒一拳讓我倒地。至於那個更令我訝異的場景，我則暫時騰不出一點腦袋空間去想。工廠裡的機具辛勤地發出稱職的噪音。我抓來一隻鐵凳，驚魂甫定地坐下來。萬金叔走過，問：「怎麼了？阿豐。」「沒什麼。」我搖搖頭。他摸摸我額頭，才走開去忙。我捧住臉，腦內一陣混亂。

萬金叔和阿成聯手騙我喝兔肉湯。我不肯原諒阿成，卻沒給萬金叔同樣的對待。只因那一夜，阿成給了我未曾體驗過的擁抱。

由於我知道一個人可以多溫柔，所以，他的殘忍不可饒恕。

擦擦鼻水，我往萬金叔走去。

「萬金叔。」

「嗯？」

「阿成在哪裡？」

「找他喔？他跟你媽去送貨了，順便收款，晚點回來。」

我點點頭，急切地想跟阿成說幾句話。一想到後門儲物間內發生的事，我渾身發熱，爬滿螞蟻似的不舒服……

回房，坐也不是躺也不是，逆流的鼻水，一寸寸將我搥入地底。如果不做些什麼，我會不會就慢慢死去……跑出房間，在工廠裡繞了一圈，我抓回四張鐵凳，一條蓋機具用的藍布，在房裡搭起一座小帳棚。躺進去，像夜晚提早降臨，我感到好多了。

真的好多了。

§

「阿豐！」門響。

「阿豐，你找我？」阿成又喚了一聲。

我睜開眼。

怔怔看著密閉的藍布，篩入細碎的光。

「阿豐？睡著了？」

一動也不動，騙過一個人，竟是如此容易。

接下來，是一陣心照不宣的靜默。

我討厭這樣。

直到我確定他遠離房門，心底又偷偷落寞起來。我剛剛在這裡睡了一覺，也不知道什麼原因，這一覺醒來，又不想那麼快跟他和好了。究竟，他對我悲慘的遭遇，到底是一無所知，還視而不見呢？又或者，他本來就來不及成為一個能保護我的大哥哥，是這樣嗎？我翻了個身，身處於這塊藍布籠罩下的空間，讓我無比安全。如果林青霞和秦漢能夠擁有這麼一塊密閉的藍……就算他們不結婚，也不算什麼了。

§

「感冒好了嗎？」媽媽問。算算我請假也請好幾天了。

我用力搖頭。

媽伸手要摸我額頭，我快步躲開。

呵，或許媽那麼希望我回學校，是擔心呂老師誤以為我被老頭打死了吧。

她垂下頭，打開抽屜，抓出幾張鈔票塞給我。

我沒拒絕。

我不喜歡這樣。我不喜歡媽因為心裡的內疚，而放任我裝病。也討厭她明明是老闆娘，卻任由一個年紀輕輕的淑娟姐撩起裙子爬到她頭上撒尿。

沒有人當得起林青霞。

「媽。」

「怎麼了？」

「我看到滋滋。」

「滋滋？誰呀？」

「就是弟弟啦！」

「弟弟？你在說什麼啊？」媽皺起眉頭。

「妳流產流掉的弟弟，他名叫滋滋，我有時會看到他。」

一股情緒，從媽皺起的眉心，緩緩飄散出來。

那一瞬間，我又後悔跟她講了這件事。

「阿豐，你在講什麼鬼話！」

「我說真的，我真的有看到滋滋啦！」

媽陡然站起：「你是要氣死我還是嫌這個家不夠亂？」

「真的啦！妳怎麼都不相信我咧？」

啪！

臉上一陣燙。

我看到媽迸出兩行淚來：「孩子沒了就是沒了！你是要怎樣？你爸打你，媽沒能擋好，你以為媽想這樣嗎？一定要這樣激我就對了？」

「媽……」我臉頰也濕了：「我只想讓妳知道，滋滋有回來。」

「阿豐，你……你……」媽抽咽著，「你為什麼要這樣折磨媽？媽虧欠你很多沒錯，可是，弟弟沒生下來，你也不能怪媽啊！媽的苦，你知道嗎？」

「可是滋滋他——」

「不要再說了！」媽摀住雙耳，跪坐下來，「你給我出去！出去！」

梅芬阿姨聞聲而來：「阿蓮耶，妳是怎樣啦？」

我淚流滿面，節節後退。

摸到門，用力推開，拔腿狂奔。

§

我無處可去，只想找一個黑暗的地方，躲起來。

戲院裡，繼續看「無情荒地有情天」，覺得秦漢好傻，為什麼要惦記一個人那麼久……劇裡的秦漢病得沒完沒了，我也一樣，病情沒有好轉。加上渾身被媽的眼淚掏空，臉頰上殘留的熱，越來越燙、越來越燙。我懷疑自己撐不到散場。

這時，銀幕左方，出現了一行手寫的字體，是我的名字。**阿豊**。我當然知道那是誰的字跡。

電影繼續演著，林青霞投入秦漢懷裡，一臉挫折、委屈。

我等著看，想看看自己的名字，值得在銀幕上停留多久。想著想著，我又突然生氣了。媽媽找我，難道是她現在想知道滋滋的事了嗎？可是她剛剛打了我，我就不想告訴她了！鼻水依舊沒完沒了的流著，我毫無意願去服從電影銀幕上那兩個字的招喚。如果我只夠格在銀幕邊邊停留三到五秒，那，不如就繼續躲在椅背後面，不被秦漢、林青霞找到。

只要不被找到，就能相信，他們一直在找我。

§

「你剛剛跑去哪裡？」

我還來不及進家門，就在工廠外的人行道被媽攔下。她一張疲憊的臉，不知已沒日沒夜辛苦了多久。

「看電影啊！」我老實答，沒必要說謊。

「看電影？我剛剛放你名字！你怎麼不出來？」

我撇開臉，像是在示威，卻發現淑娟姐從工廠窗內探頭往這邊看，我更加惱怒。

「沒看到啦！煩死了。」講完我要走。

「你給我站住！」

「站什麼住啦!?」

「你那什麼態度啊？」

「什麼態度？妳看不順眼，那就打我啊！打我啊！」

我挑戰性瞪著媽看，等著她打我另一巴掌。

媽吁著怒氣，眼眶泛淚。

「你知道Lucky不見了!?」

「Lucky？」

我一怔，拔腿就往工廠裡跑。將工廠的門一用力推，看到阿成，我抓住他的衣服狂喊：

「把Lucky還來！把Lucky還來！」

「阿豐——」

「一定是你把Lucky煮來吃了。你把Lucky吐出來！你把我的Lucky吐出來！」

「阿豐，我沒有哇！」

混亂中，阿成將我摔在地上。

「嘟嘟……嘟嘟……」我趴跪著，大哭起來。

所有員工圍過來。

雖然我感覺得到，阿成只是輕輕推我，不是故意要把我弄倒在地上，但我要用力哭，讓阿成付出代價。我要他知道，他不可以隨便吃掉嘟嘟。

「Lucky！」

媽隨後趕過來，看到這情景，立刻對阿成興師問罪：「阿成？你是不是吃錯藥了？你為什麼推阿豐啊？」

「我……我又不知道Lucky在哪裡！」

「他知道！他一定知道！他把嘟嘟吃掉了……我討厭你！我討厭你！」我奪門而出，本能挑了舊家的方向跑去，沿途哭著，越跑越遠，直到停下腳步，我已身在松山火車站。也不管火車怎麼坐，我往票口走去。

「到哪裡？」

「我要到……松山。」

「松山？松山火車站？」

我猶豫了一下，點點頭。

「這裡就是松山火車站啊！」

擦去鼻水，我仰頭看了看：「那我去台北好了。」

§

隔天，阿成沒有來上班。「他去找Lucky了。」梅芬阿姨淡淡回答。

走入房間，掀開藍布，擠進我的藍色帳篷底下。我知道大家怪我，我也想生點氣，卻不知該怪誰。我平躺下來，手掌朝上，感受那張搬演過無數秦漢林青霞電影的銀幕，包覆著我。接著我側躺，蜷起身子，以手摩擦自己身體。有種出奇的感受，從下半身，爬上來……

11 沿途風景

如果以後我坐火車坐得越久，那，我就能找回更多失去的東西了。

接下來幾天，情緒極度不穩的我，又讓呂老師失望了。用力一蹬，我翻牆逃學，但這次不是往漫畫店跑。

火車顛簸而規律地前進，像童話故事裡無助的老奶奶手裡提著的那個竹籃子，搖搖晃晃，要逃躲大野狼攻擊似的。我喜歡就這樣坐著，喀啦喀啦，電線桿像生日蠟燭，一根根傳遞著歲月。看著它們，我彷彿提早知道未來。

也不怕找不到回家的路，「只要到對面月台，就可以坐回去了。」站務員跟我說。

我謹記這句話，只要到對面，就可以回去了。

從這句話開始，每當我想回麥帥橋下的舊家，都會過馬路到南京東路對面，然後走回去，再過一次馬路。就到了。

期待能找回一些什麼。

§

有天放學，我看到媽、老頭和淑娟姐坐在工廠辦公桌前對帳。回想起那回淑娟姐和老頭關在儲藏室的事，我背脊一陣涼。

「阿源，你萬金叔這筆帳不太對。」媽說。

「哪裡不對啦？」

「第一條和第二條，加一加，沒有抵銷啊！」

老頭東看西看，他弄不懂。

「淑娟啊，妳來算！」

老頭往淑娟姐屁股一拍，再將媽推開：「妳閃啦！給淑娟坐。」

我看到媽咬牙服從，隱忍著一切。

淑娟姐不安地看看媽，看看老頭，看看計算機。

「淑娟，別怕，妳算。」老頭將手搭在淑娟姐肩上，再滑到她的腰。

「我去看燈。」媽丟下話，要走。

「妳給我站著！」老頭一聲令下，「乖乖看淑娟算！」

老頭對淑娟姐堆出笑，摸撫她的手：「噢，淑娟，妳的手好細。」

我不忍看下去，推開門，往漫畫店跑。

§

當天晚餐，媽眼睛是紅的。

吃完飯，我挨到媽身邊，想幫她洗碗。

「不用了。」她簡單拒絕我。

我知道她腦海裡全都是老頭跟淑娟姐的畫面。

我呼出一口氣，找別的話將那些畫面驅逐：「媽，妳覺得Lucky去哪了？」

「啐，我怎麼知道？」

「我好想牠喔，不知道牠現在好不好。」

「唉，這隻狗，如果不想跟我們，牠自己會去找一個更適合的主人。如果牠想回來，自然就會回來。」

「妳真的這樣想嗎？」

「嗯，颱風下雨都會回來。」

「那——什麼時候才會有颱風啊？」

媽瞪我，朝我肩膀一撞：「你呀！乖乖念書，不要讓我操心就不會有颱風。」

淑娟姐和老頭的事，彷彿及時轉移了我對Lucky的惦念。

§

「阿豐。」

這天逃學，溜過客廳時，阿成叫住我。

我把頭緊緊壓低。不行，不能跟他講話！

「你不去上課在幹嘛？」他聲音很兇。

「兇什麼啊？」

「你們老師有打電話過來。」阿成怒沖沖走來。我低頭，看他手上一副米老鼠戴的那種白手套，沾得髒兮兮的。

「你這樣一直到處亂跑，發生什麼事怎麼辦？」

「在外面能發生什麼事？在家裡被打趴都沒人管我了！」我也大聲起來。

「那你回來幹嘛？」

「哼。」

他嘆口氣，換了語氣：「你這樣的話，不怕媽媽擔心嗎？」

「那是我媽，又不是你媽。」

「不要以為你逃學你媽都不知道。」

聽到這句話，我講不出話了。

「你媽多少次在跟梅芬阿姨說你，說著就掉淚，說你多可憐、每天被打，打到書也念不下去。我看哪，是你自找的吧？有人拿刀架著你脖子逼你逃學嗎？」

我忍著淚，很生氣，偏偏阿成說的都是事實。

此時，門外駛來車聲。

「你爸回來了，快去躲起來！」阿成催趕著我，將我關進黑摸摸的倉庫。黑暗中，我抹著淚，腦裡是媽的臉。

§

當天晚上，作業寫到一半，我忽然轉頭，看到滋滋從我房門口走過。

「滋滋。」我叫他。

他沒停，閃掠而過。

我愣了一下，趴著繼續寫作業。

寫到一半，身後一股力量又拉了我一下。

我轉頭，看到滋滋。

「滋滋！」這次我叫得比較大聲了。

但其實也不必叫那麼大聲，他就站在門邊，不動。看著我。

他的眼神，讓我一點都不敢將筆擱下。

我從他眼中看到滿滿的不諒解。

「滋滋，我不是故意要逃學的。」

檯燈的黃光，閃爍在他眼裡。

「我也很想用功念書，可是，每次念不了多久，就要擔心被打，我也不知該怎麼辦——」

滋滋開始轉身。

「滋滋，你不要走。」我懇求著：「現在Lucky也不見了，你不理我，就沒有人陪我了……我答應你，我會好好念書，你以後也常來陪我好不好？」

門邊空無一物，黑黑一片。

「滋滋……」

§

隔天，一陣熟悉的感覺，又回到了我們屋外。我三步併兩步衝出門外，看到Lucky好好的站在廠門外！

渾身傷，但好好的，真的好好的。

我緊緊抱住牠。

§

「媽，小偷為什麼要偷Lucky啊？」我幫媽提著菜籃，問道。

「Lucky長得漂亮啊！」媽匆匆丟給我一個回答，隨即縱身跳入菜攤上討價還價，「欸，這一斤多少啊？算便宜一點……」

菜籃越來越重，我們買了很多大魚大肉，為過年做準備。

「你不要給我跑！有膽就不要跑……」一位大嬸拿著藤條追著小孩打，我目送他們離去，心想，如果我可以只得到藤條，不知道會比現在快樂多少。

後來，我想過，就是我一個人在鐵道上的這些漫漫長路，把Lucky換回來的。

我低頭，看著手上被咬了一口的車票。

也就是說，如果以後我坐火車坐得越久，那，我就能找回更多失去的東西了。

可是，我又答應了滋滋，以後不能逃學。

怎麼辦呢？

打開聚寶盒，將車票放進去。

§

這一年的年底，中美斷交。從新聞片段和廠內此起彼落的髒話，看得出中美斷交應該是很大的事。我躲得遠遠的，一點不敢多問，彷彿一問就會受波及似的。

媽媽打掃家裡，不經意翻出戶口名簿，我才發現自己的生日跟過年是差不多時間。或許因為這樣，年夜飯吃著吃著，就忘了幫我過生日了。

大年初二，媽帶著我和弟弟回外婆家。一進外婆家，舅舅就問：「你爸爸呢？」

「不知道去誰家裡了。」我頭壓得低低的，腦袋裡晃過一張張女人的臉。

我們坐在以前最常玩「拍橡皮筋」的空地旁，每次都拍得手掌又紅又痛，現在回想起來，舅舅當時並沒有那麼想玩，只是為了我，他假裝玩得很高興。

「你們昨天有回南投的阿公家嗎？」舅舅又問。

「有啊！」

答得挺了不起似的，其實我一點都不愛坐老頭的黑色小客車，一趟來回南投，好遠哪！而且每次眼神不小心在後視鏡和老頭對撞，他那種輕蔑、善變的臉色，好像隨時會轉身對我揮拳。如果真的揮過來，那也一點都不奇怪。

去年過年的時候，我追著弟，要逼他交出來他藏著的東西。兩人跑了一陣子，他逃著躲著，最後被我追上。「給我拿來！」我扯開他的外套，看到一包東西，上面寫著吉祥如意四個字。

「這是爸爸給我的紅包啦！」

我愣在原地，心跳加速。怦怦、怦怦、怦怦、怦怦、怦怦……

「阿豐！」

「啊？」

「發呆啊？」舅舅大手摸亂我的頭髮。
「沒有哇！」我甩甩頭。
「這給你。」
我低頭，張開手，看到一張郵票，裡面是一朵黃黃的花。「哇！郵票耶，」我興奮無比：「舅舅，我們班同學也有在集郵喔！我還跟他們交換過好幾張喔，我說真的！」
「你知道這是什麼花嗎？」
「……」
「向日葵。」
「向日……？」
「有沒有看到它的脖子？這種花，會隨著太陽的位子而轉動喔！」
「是喔！」
舅舅剛當完兵回來，頂著大光頭，可是他看起來還是跟以前一樣溫和、好脾氣，不像我家老頭，當初當完兵回來性情大變，變成一隻大牛蛙。
「阿豐，以後舅舅和外婆就要搬家了。」
「搬家？搬去哪裡？」
「士林啊。」
「貨運行也要一起搬去嗎？」

舅舅微笑搖頭：「舅舅不想經營貨運行了。以後搬去士林，可能會開自助餐店吧！」

「哇！那會賣炸雞腿嗎？我好想吃炸雞腿！」

「哈哈，你來幫舅舅炸！」舅舅摸摸我的頭。

「嗯！」我看看郵票，更興奮了：「我要把它收進聚寶盒！」

舅舅笑了。不怎麼必要，但他就是笑了。我從舅舅眼裡看到他對媽媽的感激，他小時候媽媽照顧他的情形，他一定有著深刻的印象。想到這，我舒坦多了。

我站起來，大步走向外婆家的客廳，看到外婆正在跟媽媽講話。我也沒在意，大咧咧坐下，拿起一顆沙士糖，撕開。

「我看阿源生意做得不錯，應該存了不少吧？」

「呵，哪來存款？賺多少花多少……」媽自嘲地說。

「怎麼可能!?」外婆很訝異，傾身向前，這個動作讓我以為她要打媽，害我差點從椅子上跳下來。

「阿源把錢都拿去養女人，還不時去阿水那邊賭博，人家約他就去，現在剩多少，我也不知道。」

「噢，男人都是這樣，從以前到現在就是這樣了。」外婆看看我：「我看喔，你家阿豐以後也差不多啦！」

外婆話一出，我舌頭不動，緊緊將糖果包緊。

她看著我，越看越氣。「你們阿豐喔，以後沒用啦！我看喔，以後他要來我這邊學開車，我都不一定要收。」

沙士糖在嘴裡，滲出刺刺的味道，不知該吞下去，還是吐出來。

「阿母，妳不要在孩子前面這樣說啦！阿豐平時已經過得很慘了。」

外婆思忖了一下媽的話，再看看我膝蓋上的傷。「被罰跪喔？」她問我。我點點頭。

「應該的啦！」外婆哼了一聲：「阿蓮啊，我就跟妳說，阿豐這孩子隨便養一養就好了。」

走出客廳後，嘴裡腥腥的、鹹鹹的，我舔舔手指，看到是血。那顆沙士糖裡有個氣泡，氣泡的邊緣割破了我的上顎。在屋外的空地，看到舅舅在跟弟弟玩堆石頭，我鼻子一酸，心裡有點吃醋，弟弟平時那麼受寵，現在連舅舅都要搶走！

……抓出口袋裡的郵票，我看著向日葵。花瓣的樣子，好像跟剛剛又不一樣了。沒關係，我知道，弟弟永遠得不到我跟舅舅之間一模一樣的回憶。

這麼想，心情又好多了。

§

「手伸出來！」

我乖乖伸出手，怯怯服從媽的命令。

咻、咻、咻！

媽用藤條大力朝我手心連抽三下，痛得我將雙手藏到身後搓著。

「為什麼偷錢!?」

我低著頭，不想回答。

「說啊！」

「張——張家豪他以前也有偷。」

「張家豪？」

「同學啦，他說他都會偷他爸爸的錢。」

「阿豐，你真的要把我氣死！」媽氣得跺腳，「好的不學，現在連這都拿來講！你要錢媽有不給你的嗎？為什麼要一直蹺課去看漫畫！」

「我沒有！」

「你還狡辯！」

「真的沒有嘛……我又不是去看漫畫……」

媽吁著怒氣，將籐條摔在地上。

喀一聲，不多不少。

「你外婆這樣看不起你，你有什麼感覺？嗯？」

我看著自己鞋尖。

「你外婆這樣侮辱你，你覺得媽好過嗎？你要不要臉吶你!?」

此刻，我寧可老頭衝來痛毆我一頓。但他就只是窩在廚房，津津有味嚼著筍干，摻著暢行無阻的痛罵聲，一起吞下去。

§

晚上，一片漆黑。趁大家都睡了，我輕輕走過客廳。

「等一下！」老頭的聲音傳來。我停步，等著受打。

老頭聲音裡不帶酒氣，一個字一個字，清清楚楚：「去幫我賣東西。」

我懷疑自己聽錯了，他應該是叫我幫他買東西吧？就是這樣而已嗎？

「要錢的話，就自己賺，不要用偷的，」他喝了一口酒：「你看我不是只有小學畢業而已嗎，現在已經是大老闆了！書喔，不必念了啦！」

§

烈日高照，我跪坐在西門町的「成都楊桃冰」對面，腳前的地面鋪了張帆布，我的生意正式開張。帆布上放置著十來隻葫蘆形狀的菸斗，一模一樣，是工廠裡除了消防器材外所生產的另一種產品。一支支擺齊，倒也有模有樣。

星期天人來人往，但我的心卻還沒從剛剛那段火車旅程上離開。多希望有一個朋友陪我聊天、逃課、四處坐火車冒險，但身上不斷添換的鞭痕，彷彿是隨時都會豎起，把我變成一隻刺蝟，讓誰都靠近不了我，正如我也靠近不了誰。

我猛然抬頭，一位胖叔彎身，逐一看過每支菸斗。看他聚精會神的樣子，我還真信了每支都不一樣。「叔叔，這是菸斗，抽菸用的。」我比了比手勢。

「小弟，這怎麼賣啊？」

「我知道——我比你知道。這形狀好特別啊！」

「對啊，對啊！」我趕緊點頭：「這是大力水手在抽的那種！」他沒被騙，拿起一支端詳著。有一瞬間我好擔心他不會買，又怕講錯話，所以也沒繼續說話。我有一點安心的感覺，因為他真的夠胖夠矮，沒辦法很敏捷地離開我的攤子，否則一下子就走掉了。另一方面我又很想笑，他外型看來就像老夫子派來臥底的。

「怎麼賣啊？」

我直發抖：「一百塊錢。」

「啊？這麼便宜。」他將錢遞給我：「喏！這裡。」

長達五分鐘，我一直發著抖。

我總共賣掉五支菸斗，健步如飛，跳上火車回家。

好高興好高興！明明從西門町坐公車回家更方便，我卻選擇搭火車。明明在松山火車站可以下車，我卻一路坐到基隆，再折返。

只要收集更長更遠的路程，下回，就可以賣得更好。

心底是有點矛盾的。好像賣光菸斗，就為了討好老頭，證明自己給老頭看；偏偏每回被揍，我都更想證明他有一天不得好死。

如果這是和解的步驟，我也不一定跟他和解。

心底卻不免奢望，在我長大到可以保護媽媽之前，老頭可以對我們好一點點，起碼發酒瘋去捶牆就好，反正牆不會哭不會鬧，只會倒下來把他壓死。

回到家已是傍晚。星期天，媽他們都去哪裡了？家裡一個人也沒有。說不寂寞，是騙人的。而且不知為什麼，阿成已經不再主動找我講話，我和他就慢慢疏遠了。

我在安靜的家裡逗弄紙盒裡的蠶寶寶，它們軟綿綿、圓滾滾的，一口口啃著桑葉，猶如我手上的硬卡火車票，被剪過一次又一次，疲於往返。有點感傷，我們家四處遷徙的日子已成過去式，現在這個家被一根水泥釘牢牢釘入南京東路，正如我老頭被牢牢釘在酒瓶上，我被牢牢釘在老頭的拳頭上……

恍惚之間，我又回到了漫畫店。整間店正在起伏著、顛著、盪著，輪廓有點模糊的老闆問我說，外面那個是什麼樹。我伸頭看窗外，那棵樹卻已乘著帆船，慢慢遠離。

又或者，漫畫店化為一節車廂，漂浮海上……一轉身，老闆整個頭都花白了，他問我說：「阿豐，你明天還會再來店裡嗎？」我勉為其難點點頭，心裡卻想，後天就不會來了。

猛然驚醒——

是地震嗎？

一股不可思議的力量，撞著門。

我陡然起身，很快就意識到，是老頭在踹門。

我什麼都做不了，只能看著門慢慢變形。

砰！

門往我身上蓋——

我甚至不躲。

下意識想著，如果門先揍了我，那麼老頭說不定會手下留情。

這扇門，就這樣離開了牆。

出現了老頭失魂的死白雙眼。

「去買酒。」他冷冷地說。

我一抖，趕忙抓起剛剛在西門町賣菸斗的錢，全數奉給他。

「去買酒！」他怒喝。

我彈跳起來，握著那些錢，三步併二步往屋外衝，拖鞋差點掉落。我匆匆忙忙跑到雜貨店，幾乎像是在跟一條炸彈引信比賽跑，賣酒的阿伯以為我在急什麼。我在給錢、找錢的這短暫時間內，彷彿有機會對阿伯投以求救的眼神。但我心裡清楚得很，沒有人幫得了我。

別人不知道原因，我也說不出口……

回家的路上我恐懼不已，老頭那張失魂的表情深深印在我腦際。我一邊加快腳步，一邊又希望媽和阿姨們早點回來。家裡燈火通明，老頭將所有燈都開了。我推開紗門，走到藤椅旁，左右手各拿著一瓶酒。

這時酒瓶自動滑脫出我的手，應聲掉落在地。

鏗！

破了。瀑布湧入客廳。

因為我看見滿地被踩碎的蠶屍。

蠶屍混雜在綠綠的汁液之間。而潑灑在地上的酒，還沒淹到那綠綠一片汁液，就停住了。

我將視線移開那些可憐的小生命，冷冷看著老頭。這是我們搬來南京東路以來，我第一次斗膽直視他，帶著無比的鄙夷。老頭沒料到我敢惡狠狠瞪著他看。他像隻正待發作的惡犬，喉內的低嚎，像卡了一坨越滾越大的痰。他再度發令：「去給我買酒！」

再也忍受不住，我用力一踢滿地碎玻璃：「去死吧你！喝死你自己！幹恁娘！」碎酒瓶濺得到處都是。

老頭怒不可遏，一把掐住我下巴，讓我雙腳離地。他是一台粗暴的機器，我是機器上的貨物，他把我往屋外急速運送。「幹！去買酒！開車去買酒……」他那輛黑色小客車停在路邊，他將我朝黑車使勁一丟，吭！砰！我手撐著南京東路的紅磚人行道地面，老頭用力打開車門朝我後腦狠撞，再將我一古腦兒塞進車裡。

「不是很厲害？那你開車啊！」

他把我的頭壓在方向盤上，脖子卡得死緊，我無法呼吸，猛咳。

「開呀！」

我右手在狹窄的邊縫死命鑽動，想握住車門把，卻怎麼都摸不到。「媽……」我哭出來了。

「媽？還會討救兵喔？啊!?」

老頭掐起我脖子，往車窗撞，「哎！」鼻子一陣劇痛。

往來車聲頻繁，穿梭在經濟起飛的南京東路。同一條路上，車內的我，被一個拳又一個拳頭告知：我什麼都不是——

我什麼都不是……

混亂中，老頭撞歪了後視鏡，「幹！」他咒道，索性將我整個人抓起，往車子的後座塞去，再伸一腳過來，連踹好幾下，一下子就讓我平貼車底踏墊。

我痛苦得蜷起身子，一如那些蠶。

12 郵票的去處

但我身上的痛，讓我扎扎實實感受到自己正活著。這是一股莫名的安全。我知道，不會有人輕易將我拋下。

醒時，周圍是白的。

「噢……」我呻吟著。

「阿豐，你不要亂動……」媽兩眼紅通通的。

麗枝姐、梅芬阿姨都在。她們看我，就像看一隻受創的小貓。「老闆這次真的太過分了，小孩子不能這樣子打的啦！打死怎麼辦……」「阿蓮啊！看你要不要把孩子寄放在親戚家，在這樣下去，早晚會出事啦。」

「我也不知道該怎麼辦哪……」

媽媽的淚水撲簌簌而下。我聽著淚，回想在車內殘存的記憶，是聽到媽媽和梅芬阿姨慌亂喚著我名字。渾身扭絞成一團的我，彷彿被車座咬在嘴裡，連一吋也掙脫不了。當時我無力地哭著，以為自己已經死了；那些蠶已蛻變為蛾，要聯合叼起我，把我帶走。

「難道真的要我……」媽蒙住臉，痛哭起來：「我真的很怕阿豐沒有爸爸，到外面會被笑。」

「阿蓮，妳先不要哭，這件事，我們可以找老闆商量。」

「阿源他能改早就改了！他跟淑娟這樣，我也沒說什麼，吞忍那麼多，還不是為這兩個小孩。」

媽無助的眼神裡，注滿急速流失的渴盼。

既然急速流失，為何還要一再注滿？這是窮盡一生都無法解答的問題。

我餘光瞄到弟的存在，他瑟縮角落，滿臉不明就裡，一如過往置身事外。這一切對他來說，就像一齣看不懂的戲。其實，他不需要懂。

「好啦，阿豐也醒了，我們就先回工廠了。」梅芬阿姨他們帶著弟先離開。我看著天花板，不看媽。

天花板像湖水一般，緩緩流動。

「阿豐。」

我搖搖頭，委屈地啜泣起來。

「阿豐，你不要哭啦，你一哭，媽就不知道該怎麼辦了……」媽哽咽。

「妳為什麼都不救我……」斗大眼淚一滴滴掉下來，我控訴著她：「妳不救我，也不相信我看到滋滋。」

「阿豐，你不要怪媽，媽也沒辦法……」

「妳為什麼不相信我看到滋滋!?為什麼?我明明就有看到!」我哭啞了嗓。

「是媽不對,媽救不了你……」

「妳救不了我,也不讓滋滋保護我!為什麼?為什麼!」我緊抓被子,臉頰則腫得太厲害,連話說都不清楚了。我越想移動身體,越是痛得眼淚直流。眼淚快滿出來了……我懷疑這小診所裝不裝得下這麼多哀傷。

哭累了,我昏睡過去。醒來時,媽不見了,但我身上的痛,讓我扎扎實實感受到自己正活著。這是一股莫名的安全。我知道,不會有人輕易將我拋下。也好。南京東路屋內的那些機具,正將悲苦全部加工、外銷。相形之下,我更喜歡隨時可以靜下來的診間。這兩年來,身上累積了一落又落的傷,現在終於有這麼一個空間,收容了我的辛酸。

出院回家前,媽帶我去配了眼鏡。驗光師看看我臉上的瘀青,似乎帶著責備看看媽。我始終不解,對我近視度數再熟悉不過的驗光師,為何還要我貼向那台不懷好意的機器,任由冰涼的機身,親吻我的瘀腫。

「來!阿豐,貼著。」我就範,將左眼貼到驗光機上。機器內微黃的光注視著我。幾秒鐘,就看完了我一輩子遇過的各種大小事。

回到家,媽刻意開廠房的門給我進去,這樣就不必走過客廳。

「來!進去,老頭不會對你怎樣。」

經過連通口,我忍不住望向客廳。日光燈下,伴著鼾聲沉沉睡去的老頭,手臂垂放藤椅邊緣。趨近一看，清晰可辨的掌紋，微微擠出猙獰的眼睛、鼻子、嘴巴。是的，那雙手醒著，認得我。等老頭醒來，它們就會給我好看。

我房間的門沒了，好像在對我說：「門都沒有。」我不禁失笑。

筋骨隱隱痛著，像一群人來我身上開過狂歡派對。派對結束後，那些人都去哪裡了？

我打開聚寶盒拿起一枚桑葉，慶幸自己還藏了一枚。本以為這個舉動可以讓蠶寶寶早點蛻變，沒想到，卻是預示了它們可怕的命運。

我不會原諒老頭。

永遠不會。

我會讓你跟這些蠶寶寶一樣的。

§

離婚這件事天大地大，梅芬阿姨還特別找來里長伯協調，外婆也難得親自過來關切。事關重大，沒那麼簡單，弄得我每天上學都魂不守舍，深怕老頭拳頭又不安份。

媽媽和老頭談妥條件的隔天，我走向呂老師，對她說：「老師，我要轉學了。」

她先是一愣，然後慢慢、小心地確認：「你爸媽要分開了？」那語氣，像擔心會傷到我。

我點點頭。

不會傷到我的。呂老師，不會了。

她傾身上前，緊緊抱住我，從體溫，**我知道這個擁抱是真心的不捨。**「阿豐，答應老師，你以後一定要好好唸書……」

第一次看到老師哭，我太錯愕了，以致於沒有馬上點頭答應她。

「你最近成績有進步，你絕對不是你爸說的那種笨蛋。千萬別放棄，你會出人頭地的！」

出人頭地……

不知道為什麼，這四個字一說完，我發現自己哭到全身顫抖。

§

回家後，幫媽媽收拾行李。

媽要帶弟弟跟我們一起走：「老頭在嗆，阿振不跟他的話，我一毛錢都拿不到。誰要他的臭錢？我呸！」她一呸完，眼淚便不爭氣地滾落下來。我一直叫她少為老頭哭，但她不聽。

「他現在也沒什麼錢了，在外面幫一堆女人買珠寶買房子，我們呢？他幫我們做過什麼？」

聽媽這麼說，我替淑娟姐鬆了口氣，老頭越早喜新厭舊，淑娟姐就越早解脫。

「Lucky呢？」

「你要養？」媽問。

「當然要跟我們走啊！不然被煮了怎麼辦？」我一面肯定的回答，一面起身往屋外走。才一下子我又走回來：「媽，Lucky又不見了。」

「唉，這年頭那麼多人愛偷狗。牠不是後來都自己跑回來嗎？」

「可是……」我看看行李，不禁擔心：「來得及嗎？」

媽不回答這個問題，她要煩惱的夠多了。少煩她一點，她就能多休息一點。

我一籌莫展，望著再也沒必要修復的房門。

接下來幾天，是我們待在這裡的最後幾天。季節也產生了明顯轉變，入秋，天氣涼了。每天一放學，我就蹲在門外等Lucky回來。偶爾跟淑娟姐打照面，她根本不敢看我。倒是媽，一切都沒發生似的，跟淑娟姐東交代西交代，把工廠當作寄養小孩一樣，託付給淑娟姐。我真想看穿媽的腦袋，如果她懷有一絲念頭希望淑娟姐嫁給老頭以便管理工廠，那我就要大聲抗議了。

不過，換個角度想，媽希望工廠好，也是為了曾經在這裡和她併肩奮鬥過的同事吧。連我自己都希望，大家都過得好好的。

我不怪淑娟姐。老頭這樣，不是她害的。不管誰跟老頭在一起，都不會讓他變好。我已想通很多事，南京東路在我眼裡的樣子，跟當初來時，也已全然不同。我只希望，下一個住所，能讓我一下子就看出未來我要離開它的時候，它會是什麼樣子。

這段期間內，阿成偶爾出來哈菸，我和他兩個人默默面對車流，無話可說。每根菸就像時間一樣，燒一燒，就剩一堆又一堆的菸灰。風一吹，又不見了。

我偷瞄他，看見他臉上有些微紅腫瘀青。我猜他大概是跟同學打架了，他比我大，正好是血氣方剛的年紀。

點到某一根菸，他終於說話了：「阿豐。」

我轉過頭去看他。

「我過不久，也要走了。」

「你要去哪裡？」

「就……離開啊。」他聳肩一笑：「我總不會永遠待在這吧。」

「你快念完了？」

「差不多是這樣。」

阿成垂頭，突然不說話了。

在這一刻，我突然了解到，以前阿成講話刻意咿咿啊啊，我以為他是在耍白痴，不過他卻是為了要遮掩自己奇怪的鼻音腔調。

每個人，都有想遮掩的地方。

我靜靜看著不遠處，就是那個老頭將我丟出來，害我險些被車輾過的地方。那個地方旁邊兩公尺，是老頭差點赤手將我打死在車內的地方。

「你會回來嗎？」我想想，又問。

「哈，回來幹嘛？又沒有人。」

我沒多問「沒有人」是什麼意思，但心底不免暗暗得意，沒有人是指看不到我和媽媽、弟弟。老頭不是人，呵。

我想，阿成來不及看到我長大學會吃檳榔了。我過去一直盼望，有朝一日要吐紅紅的舌頭給他猜是什麼。況且，如果我先走，那我就不知道他什麼時候會走了。

如果我知道他什麼時候走，這樣的別離，心底會踏實點。

真希望他比我更早離開這裡。

§

離開的前一晚，我翻來覆去，睡不著。

突然感到一股力量圍繞周遭，我猛然睜開眼，看到滋滋在床邊。「滋滋……」我小聲喚他。他看著我，雙眼裡透著渴盼。「滋滋，你有什麼是要告訴我嗎？」街燈灑進走廊，又從走廊投射了一點光，在滋滋臉上。他瘦削依舊，眼窩還是很黑，滿臉都是委屈。

我突然又覺得，不說話更好。

我知道，他是捨不得我們離開。可是，我們非走不可了。「滋滋，我們要走了。」我鼻子一酸，眼淚掉了出來，「你以後會來找我們嗎？」

他不說話，只是聆聽著。

「Lucky還沒有回來，我好怕……滋滋，你可以告訴我，Lucky會回來嗎？滋滋。」我吸著鼻水，淚水濕透了整張臉。

「滋滋……不要走，滋滋……」

這一夜，我泣不成聲。

§

要來幫忙我們搬家的舅舅快抵達了。我焦慮地看著原本綁Lucky的鐵鈎，時間所剩無多，如果Lucky再不回來……老頭說過：「落入我手裡，我就煮了吃了。」我相信他不是開玩笑的。為了讓我難受，他什麼事都做得出來。

「不要發呆了！快幫忙搬！」

媽沒帶走多少東西。衣櫃、床墊、電視機，都是以前住楊梅眷村買的，還有一只折磨她半天的小熨斗，蒸氣噴噴，可拿來防身。

防身的功能，以後用不到了。

舅舅的發財車到沒多久，就聽到一陣狗吠，循聲望去，竟然是Lucky回來了！沿著人行道，牠跳越那個我差點被車輾過的地方，往這邊跑過來，我喜出望外，丟下衣櫃丟下熨斗，用力將牠抱住。牠渾身是掙脫鐵鍊的傷，我也沒時間深究，趕忙帶著牠跳上車斗。駛離時，老頭就在路邊抽菸，面無表情看著我們離開。我別開眼不看他，但那令人心驚的畫面還是無可避免地深深印在視網膜。

車子離南京東路的家，越來越遠，我眼眶也越來越濕。越來越濕，直到將視網膜上老頭的臉給徹底沖掉。

§

直到貨車抵達士林，我睜大眼睛，想看新家是什麼樣子。直到看見外婆臭著一張臉站在門口，我才意識到，這是外婆的新家——舅舅開自助餐店的地方。Lucky掙扎了一下，我鬆開抱著牠的手。我懷疑是Lucky看到外婆那張巫婆臉，才緊張地將我的手掙開的。

一想到又要跟外婆住，我頭皮發麻，不禁悄聲問媽：「媽，我們要住多久？」

媽瞪了我一眼。我聳聳肩，撇開頭，才發現外婆也在瞪我。

我們將行李放好，弄起一片灰塵，媽去擰拖把，舅舅帶弟弟去吃自助餐店賣剩的菜。我不放心地頻頻探頭看著他們兩人，深怕一不留意，舅舅和弟弟就變成了好朋友。

媽去擰拖把好久都沒回來，我便往客廳的聲源走去。沒錯，我一點也不意外，那裡是一場進行中的訓斥：「妳喔，給我出去找工作，別想在這邊白吃白住。叫妳多忍一下妳不聽，現在離婚才回來投靠婆家，妳叫我臉哪裡擺？」

走回房間，我打開紙箱，將自己的東西一件件拿出來，檯燈、棋盤、聚寶盒，我將聚寶盒打開，看到舅舅給我的那張向日葵郵票。

我相信，是這張郵票把我帶過來的。

將它舔濕，貼在床頭櫃。

這朵向日葵，會保佑我、保佑媽媽。外婆一接近，黃色花瓣將瞬間怒張，放射出逼人的光芒。

13 樹林裡的樹林

我一直記得答應過呂老師的話：我會努力讓自己成為一個有出息的人。我將錢放入聚寶盒，期待下回打開，會冒出一棵長滿錢幣的大樹。

轉學到了士林的百齡國小，每天上學的路程近多了，也少了坐火車的機會。我想，可以換回的願望，也越來越少了。

「田定豐！你還沒拿到制服啊？」有個剛認識的同班男生戳戳我外套上「西松」兩個字。

如果我用力戳回去，百齡國小的日子就要不一樣了。

「喏，給你。」我低頭看，他遞給我一顆沙士糖。幸好這時已經是秋天，我們穿長袖制服上學，身上的傷疤蓋得好好的，不會冒出來阻礙我結交新朋友的微笑。

打開國語課本，快速翻過一張張花花綠綠的插圖，有和樂融融的客廳、有依山傍水的美景。過去在西松國小，每教一課，這些圖片就迅速和老頭痛毆我的記憶重疊在一起。現在，這些圖片重新活過來了，我在書頁裡夾入一片剛撿到的菩提葉，跟著大家一起朗讀課文，重新喜歡上課本裡的文字。

有一塊折得緊實的紙條落到我桌上，上面寫著「盧雅靜」三個字。我一籌莫展朝左前方看了看，不確定擁有這名字的女孩是誰。

「田定豐！」邱老師喊過來：「你手上拿什麼？」

我愣愣看著邱老師走來，他拆開紙條一看，下了結論：「你喜歡盧雅靜吶？」全班哄堂大笑，這時，我才從左前方那張回眸的臉，確認這名字的擁有者。

§

媽換上櫃台小姐的制服，去了遠東百貨。每天下班回家，她妝扮入時的臉龐、頭髮、身子，總夾伴著緩慢累積的疲憊。外婆對我們的冷嘲熱諷儘管一點都沒少，但至少她怕Lucky。我一直在想，有什麼方法可以利用Lucky來減少外婆找我們麻煩的次數。我確知那個方法一定存在，我希望在搬離這裡以前，可以把它想出來。

為了不要看到她，我無所不用其極找理由出門，因為這樣，也就把老頭生產的菸斗一根根給賣完了。

這些錢，夠我坐更多次火車，逃更多次學。但我沒有。我一直記得答應過呂老師的話：我會努力讓自己成為一個有出息的人。我將錢放入聚寶盒，期待下回打開，會冒出一棵長滿錢幣的大樹。

我還是掛念以前的家，一有機會，不免偷偷繞路，遠遠看著麥帥橋，看著南京東路。有次，就看到老頭站在工廠外抽菸，眉目糾結的樣子，像經營欠佳。

我躲在對街騎樓暗處，心跳得好厲害。我想，就算離他遠遠，我也毫無資格和他當個純粹的陌生人。他曾經對我做的事，就代表了一切。這將是我窮盡一生也抹不去的一切。

另一回，我又看到淑娟姐黯然走出雜貨店，氣色很差。我心底偷猜，一定是老頭不要她了。我不知該哭該笑，她為我們工廠耗掉多少條口紅、多少塊粉餅，只為丟給廠商一雙達陣得分的媚眼。

§

盧雅靜三不五時往辦公室跑，回教室，會帶著龍角散、太陽餅之類的愛心物品。她爸爸是體育老師，「你再跟盧雅靜玩，小心被她爸踹飛！」有人跟我說。我笑笑，心想，憑我被我老頭踹的經驗，早就練成「被踹不飛」的訣竅了。

為了彌補以前刻意疏離同學的遺憾，我參加了邱老師的課後補習。

邱老師家透天厝在民生東路，出入要脫鞋，大家擠在客廳一張茶几上，緊盯木椅上那張小得可憐的黑板。粉筆噠噠噠噠，口沫橫飛的邱老師滴下了認真的汗，漸漸，連別班都慕名而來補習了。

我和盧雅靜總是很有默契地坐在一塊。一開始，我們抵拒週遭若有似無的竊笑和十來個人加起來的腳臭，偶爾肩膀擦碰，也不知尷尬什麼，反正瀰漫的氣味是散不開了。

升上六年級，盧雅靜當班長，意思是她可以任意對黑板寫字。我得到繪畫、作文比賽的佳績，也被她當自家榮耀似的大書特書。但我倆再怎麼被視為「一對」，打電話去她家，照樣被他爸罵。

咯。

我敗興掛上電話，先確保沒被外婆發現，再走到舅舅房門邊：「舅舅，你在幹嘛？」

他臉埋在臂彎裡，不舒服似的，沒理我。

「舅舅……」

當天晚上，舅舅不見了。

「你舅舅在談戀愛，少煩他。」媽邊洗碗邊說。

我噘噘嘴，抓起兩顆土芒果，走出屋外，一顆給弟。

「舅舅咧？」他問。

「你舅舅在談戀愛，少煩他。」

§

邱老師很會教，月考成績各班比一比，慕名來補習的同學越來越多，越來越擠，腳臭越來越濃，簡直要挖一根煙囪來疏通空氣了。

六年丁班的蔡麗娟擠到我左邊坐著，她的綽號是菜頭蚵仔煎。每次我跟蔡麗娟借立可白，我右邊的盧雅靜就會從兩眼出飛鏢。搞到最後，即使蔡麗娟不再坐我旁邊（被誰恐嚇的我不清楚），盧雅靜還是會監督我有沒有跟蔡麗娟眉來眼去。

有那麼一天，在邱老師家裡，同學間傳著郵購單，蔡麗娟把那張郵購傳到我手上要我填。我翻了翻，不知要買什麼，剛好看到一款髮夾可以買給媽，順口問了蔡麗娟一句：「妳覺得什麼顏色比較好？」

「你們在幹嘛！」盧雅靜聲音出現了。

她看看型錄上的髮夾，怒火噴向我和蔡麗娟。

「髮夾!?你們……」

說著，她把我和蔡麗娟拉進邱老師的臥房。

房內湊巧是一股迷離的女人香。

「阿豐，你今天要給我講清楚：你到底要誰？」盧雅靜的表情很痛苦。

我看看她，看看蔡麗娟。蔡麗娟叉著手，也一副要我早點做決定的樣子。

正當我陷入兩難，邱老師推門進來了。

「你們在幹嘛？」

「我們在談判！」盧雅靜大聲說。邱老師呆在原地盯著我們看，他好像有點怕怕的。我想對邱老師暗示求救，但眼神卻被兩個女生給硬生生攔截下來。空氣凍結……

眼看我沒及時做出決定，盧雅靜大大受傷。「妳要的話，我就讓給妳好了！」她對著蔡麗娟丟下這句話，然後奪門而出。

§

「舅舅，我會不會跟蔡麗娟結婚啊？」我驚魂甫定。

春風滿面的舅舅，顯然跟女朋友和好了，他認真地想了想，回答我說：「再考慮一下，女人很可怕的。」

對呀！不是每個女人都跟媽一樣。

也不是每個女人都跟外婆一樣。

§

媽大概真的受不了外婆了。某天吃完飯，媽宣布：「我們要搬去樹林了。」

我先緊張地問：「又要轉學了嗎？」確定不用後，才鬆口氣問：「哪裡有樹林啊？」後來才知道，樹林雖不是樹林，但我們要去那個台北縣的樹林，確實有樹林。

通過一片樹林，見到一幢破舊的矮公寓，我雙手一張都可以把整幢建築物抱起來。我們住在四樓，家當擺進來，表面上瞬間落下一層灰塵。

突來的殘破，讓我打了個哆嗦，弟也忽然大哭起來。

「阿振，你哭什麼啊你！」

「我……我牙齒痛。」

那天稍晚，我一個人獨坐屋內，一股發霉的水泥味撲鼻而來，有點感到慶幸，因為媽帶弟去看牙醫，免去了一家三口一籌莫展、大眼瞪小眼的局面。等著等著，我肚子餓了。沒有錶，又不知道時鐘放在哪個紙箱，大門一開，只有蛙鳴蟲鳴，最近的路燈在一百公尺外。如果媽和弟不回來，我就徹底與世隔絕了。

肚子越來越餓，像一顆拳頭，朝胃裡鑿了洞。我對自己說，過去忍了那麼多，再也沒有什麼忍不了了。找事做好了。拆開一個有註記的箱子，正打算將自己的東西拿出來。

叩叩叩，有人敲門。

我解脫地呼出一口氣，三步併兩步將門打開。瞬間怔住了。

「你媽呢？」

「她……她去牙醫那邊。」看到老頭，我話都講不清楚了。

「你弟呢？」

「媽帶去看牙醫。」

老頭雙手插口袋，踱進來，順便把門給頂開了。

「住得不錯嘛……吃得也很好。」

吃得很好？哪裡有擺吃的？我不懂。

老頭在屋子繞了一圈，似乎刻意放慢腳步，避開與我交談的機會。我緊盯他的拳頭，再看看門，必要時，該奪門而出，動作還是得要快才行。

「現在念哪？」

「國語教到第十三課。」我急中生智，絕不能讓他知道百齡國小。

他點點頭，不再追問。反正我說出的一切，對他都是可有可無。但他看我的眼神，又好像意味著，他一直都知道我有偷偷跑回南京東路的家。

渾身不安。很想逃出去，又覺得該守住新家，不能被敵人攻佔。心中開始數秒，每秒都彷如一世紀那麼長……

14 翻牆的步驟

這是第一次，感覺死亡離我那麼近，宛如一切行進中的事物，是為了離開、也為完成一個傷感的儀式。

我實在不願意去深思這個問題：都離婚了，為什麼媽那麼聽老頭的話？

老頭只說了一句話，就讓媽辭去遠東百貨櫃姐的工作，回南京東路老頭的工廠幫忙。他講得很好聽：「公司不能沒有妳。」話一出口，我想起淑娟姐那張落寞的臉。

事實上，老頭周遭始終圍繞著這種表情的人，而且只會越來越多。

對於媽的決定，我使不上什麼力去干涉她。她早先說過，遠東百貨的工作可能做不長，「人家都要漂亮小姐，媽白頭髮都快出來了。」唉，如果我趁晚上睡覺，幫媽把白髮髮一根根拔掉，那媽會不會就不回南京東路呢？

§

我喜歡坐火車，但每天清晨五點起床，趕火車從樹林到士林的百齡國小，這又是另外一回事了——尤其每當跟媽要車錢，媽只給剛剛好數額的銅板。我感覺得到，家裡經濟情況非常緊，所以媽卸去櫃姐制服，重返南京東路。

「你老頭給的薪水還不錯，一個月一萬五。」媽把一切辛苦配著白飯吞下。

看到她髮鬢一絲雪白，我趕忙低頭扒飯。

跟了我們六年的Lucky，會變老嗎？我摸撫牠柔軟的白毛，心想，如果牠是一隻黑狗，那我就可以知道，牠何時冒出白髮……

我們搬到樹林，換了一條更牢固的鐵鍊，不過Lucky還是會被偷走。這隻得天獨厚的狐狸狗，稱得上是狗界貴族，換成是人，那就是王永慶了。幾次被偷走，或許牠到過更好的地方，但每次牠總冒著危險掙脫鐵鍊，嗅路找家，把更多幸運帶給我們。

§

我寫信給以前的呂老師，告訴她說，我很好。原本要告訴他盧雅靜的事，後來想想，還是用立可白塗掉好了。

信寫完後，我小心翼翼摺好，打開聚寶盒，疊在另一封信上——那是兩年前寫給廖祥杰的，一直沒寄。

自從上次我、盧雅靜、蔡麗娟三人之間的「談判」結束後，我和盧雅靜慢慢就沒說話了。直到有一天，音樂課上玩過了「大風吹」，老師找不到值日生，於是吩咐我：「田定豐，留下來把桌椅擺好！」教室裡空蕩蕩的，我意興闌珊，將凌亂的桌子一張張擺好。這時從後門的方向傳來窸窸窣窣的掃地聲，我轉頭一看，原來值日生是盧雅靜。

她看到我還在教室裡，也很驚訝。「你……你怎麼來了？」

「我不是『來』，我沒走。」

「值日生是我，不必你幫忙，哼。」她走向黑板。

「我沒幫妳啊！我是聽音樂老師的話。」

她逕自擦著黑板。

匡！我用力坐下。

「欸！你幹嘛把桌子弄亂啊!?」她氣沖沖朝我跑過來。

霍然起身，我們怒視彼此。

共八隻眼睛。

「火車上，一根根持續倒退的電線桿，有幾隻眼睛呢？」

「電線桿上的洞洞比較像肚臍！」盧雅靜說。

窗外的大地是一條寬長的輸送帶，移動的樓啊樹啊，落在我們看不見的後方。

我和盧雅靜兩人的逃學，簡直像是逃亡似的。

沒辦法，我們在音樂教室裡怒視彼此之後，接著兩人一起笑出來，可是我們又不想給班上同學知道我們已經和好了。怎麼辦？只好翻牆出遊（說逃學也可以）吧。

翻牆的步驟是這樣的：她踩我膝蓋，我托著她手，有沒有緊扣，我忘了。

這一刻，我又覺得我還是有可能會跟盧雅靜結婚。

可惜我們的婚姻還沒成真，我就因為帶她逃學而被媽打個半死。盧雅靜他爸情緒更失控，怒氣沖沖跑到教室嗆說，一定要叫我轉學。

不用了轉學了吧，都快六年級了。「對不對？Lucky。」我摸撫著Lucky下顎，養牠越久，越覺得摸到的是鬍子。

Lucky，你要永遠陪著我們，當我們的聖誕老公公。

§

「六年三班，田定豐，請到訓導處！六年三班，田定豐，請到訓導處……」

不會吧，逃學事件都過去兩個禮拜了，盧雅靜他爸氣還沒消嗎？又要找我麻煩嗎？

我反瞪週遭幾雙幸災樂禍的眼神，刷一下起身，吊兒郎當地往訓導處踱去。到了訓導處，卻看訓導主任的臉色不對。我也心跳加速。

「田定豐，快回家。」

「回家？」

「你爸剛剛打來，說你媽被卡車撞了。」

那瞬間，我的世界凍結，以致完全忘了自己是怎麼瘋狂跑向火車站、怎麼買票、怎麼奔向月台又及時停住，沒有滾落鐵軌……

火車規律的顛簸，固然使我呼吸趨緩。但越平靜，我越懼怕，懼怕一切倒退的事物。下回，還看得到同樣的景物嗎？這是第一次，感覺死亡離我那麼近，宛如一切行進中的事物，是為了離開、也為完成一個傷感的儀式。心急如焚地朝媽的方向靠近，卻有股衝動縱身跳向窗外倒退的畫面，回到一切還未發生的那一個時刻……

我衝入工廠大門，看見老頭好整以暇，坐在媽的位子上抽菸。

「媽呢？」我眼睛睜到不能再大。

「萬金叔，帶她去醫院……」

老頭那稀鬆平常的語氣，逼我捏緊了拳頭。但這一拳，哪裡都去不了。

「對了，萬金叔，那個撞人的司機也在那邊，叫他等一下過來找我，看要怎麼賠。」

南京東路車流依舊繁忙，若無其事地往來穿梭，有沒有我住在這裡都一樣。我哭，哭著，不知是否該慶幸著自己已遠離這條冰冷、寡情的街道。它自顧自擺出經濟起飛的姿態，毫不掛念市井小民為它付出了多少代價。

直到萬金叔領我到病房，我都還不確定媽是否還活著。床上那個渾身裹著紗布的女人，旁邊站著肇事的卡車司機。我撲到床邊放聲大哭。媽的傷不是卡車造成的！她辛苦養家，沒過過一天好日子，還要受老頭的氣、挨外婆的罵、煩惱兒子逃學。我天天失去媽，天天失去一點，卻渾然未覺，現在，她倒下來了。

她累得倒下來了……

「媽！」

她躺平。

一張白色的床。

一如那個我負傷清醒的白色空間。

媽救了我，我卻沒能救她。

「媽，我以後會乖乖的，妳不要離開我……媽……」

我撐起身體，惡狠狠瞪向卡車司機。「你為什麼要撞她！你為什麼要撞我媽！」我朝卡車司機撲打：「你為什麼要跟老頭一樣壞！我媽已經夠苦了，為什麼你們還要這樣對她！為什麼……」我倒在地上，蜷起身子痛哭著。

想起那次差點被老頭打死在車內的情形，我也是同樣的姿勢。

如果可以，我願意為媽承受這一切。

哭累了，我面無表情，回工廠收拾媽的東西。我提頭探看一下，阿成不在了。淑娟姐則在幫忙做鋁片裁切，她一臉憔悴，不再是祕書了。老頭找了年輕小妹妹當新秘書，嘴唇滿滿一片口紅，紅得發亮。

工廠不再是工廠，南京東路也不再是南京東路了。

媽住院的期間，我跟學校請了長假，到醫院看顧媽媽。弟弟則被舅舅接去士林暫住，每天吃自助餐。舅要我回去上學，他說他跟我輪流顧就好。我大聲回道：「不要！她是我媽媽，又不是你媽媽！」

病房瀰漫一股怪味，老師教過，那叫「ㄈㄣ味」，可是我一直記不起那個字怎麼寫。希望不要被媽發現。

「你這次月考第幾名。」

「第三名。」

「不要騙我。」

「回去拿成績單給妳看嘛！」

找不到話唸我，媽居然有點失落。

於是我隨口胡謅：「媽，我上次把同學的國語課本弄不見了。」

「弄不見？怎麼會這樣？」

「就不小心的啊！」

「你唷，就是這樣，教媽怎麼放得下心。」

「那妳要快快好起來，好回家管教我啊！」

聽到我的話，媽垂下頭，滿腹心事的看著自己的腿。「我看我這條腿，快爛了。」

「媽，妳不要亂講啦！」我怒火升起：「要爛，也是老頭的命根子先爛！」

媽摀住臉：「我那天早上，眼皮就一直跳，明明就只是領個錢，叫卉芳去就可以了，老頭要白目，硬要逼我去……麥帥公路一輛卡車就這樣衝撞過來……」

「媽，不要講了啦！」

「你知道他多可惡？他還打阿成。」

「打阿成？」

「萬金叔跟我講的，就是阿成以前曾經請淑娟轉告你，叫你好好唸書，淑娟那張嘴愛講話，跑去跟你老頭告狀。你老頭一拳就給阿成倒地，說：『要唸書？工作不要了嗎!?』難怪我那時候看阿成臉好像受傷，問他他也不講。」

我托住額頭，腦袋脹痛。回想起爸媽離婚，我們要搬離工廠之前，我看到阿成臉上有些微紅腫瘀青。

「這個死老頭，一定會得到報應的！」媽繼續說。

「好啦，媽，不要講了，快休息。」不講休息還好，一講休息，護士小姐就來了。

「換藥。」護士小姐臉上沒有任何表情。

媽臉上瞬間爬滿驚恐：「還要換喔？不是才剛換？」我想跑去躲起來，卻哪也去不了。護士小姐用鑷子將媽腿內的紗布夾出，一整條，稠黃的膿。「嘶……」媽痛得滿臉扭曲。我緊摀住嘴，大顆的眼淚掉了下來。護士小姐再用雙氧水朝傷口噴了噴，媽更痛了，「啊……可不可以輕一點……」

「朱小姐，忍一下就好了。」

看著雙氧水像七喜汽水一樣冒著泡泡，侵蝕著媽腿裡紅紅的肉，那種情況之恐怖，教我再不捨，也不確定願不願意替媽承受這般痛楚。

護士小姐拿起很大支的棉花棒，沾了沾碘酒，伸入傷口，戳戳弄弄。「啊……」媽那表情，就像要生下一個像我一樣不乖的小孩似的。我眼淚撲簌簌掉下來。媽為我受了那麼多苦，我要怎麼還……

兩個禮拜後，護士小姐拆開纏繞在媽頭上的大繃帶，換了塊豆腐干大小的紗布。淚水早流乾的我，斜眼瞪著護士小姐一板一眼的手部動作。「可以出院了。」她說，依舊面無表情。

§

「王老闆，給我媽一碗陽春麵，不要加鹽、油、味精、和醬油。」

你看我，我看你。

我想了想：「加一點醬油好了。」

媽委屈地撥去筷子上似有似無的汙漬。

「醫生這麼說的啊？」

我停頓了一下，「對。」只有一下。

她點點頭：「也對，我頭還會暈暈的，走路也一跛一跛。」她吃了一口，忍不住又是一句：「也算不幸中的大幸了。」

我嘆口氣，很想痛罵老頭給她聽。然而看著她那知足的神情，又恐怕罵了的話，連她口中的「大幸」都要被剝奪了。

「味道好淡。」

她抓起胡椒罐，遲疑一會兒，打消了加胡椒的念頭，照樣吃得津津有味。

「阿豐，你看媽媽以後去開麵攤好不好？」

「跟王老闆打對台嗎？」

王老闆眉頭一豎。

「媽住院的錢付一付，積蓄也差不多了，有一部分還是你舅舅貼的。媽不趕快工作，養不起你們。剛好你表姨的女兒才問過我要不要一起開麵店。」

我聳聳肩：「妳當心點，老頭那邊的親戚沒一個好東西。」

「表姨是媽媽這邊的啦。」

「喔。」

§

六年級下學期，媽的麵店開張，忙得焦頭爛額不說，有些客人還會把她氣得七竅生煙。媽每天回家後往籐椅一躺，腿抬高擱在藤椅扶手上，舒緩酸痛不已的鐵腿。我曾路過麵店，看她忙進忙出的樣子，地上是腳印忙出的圈圈，有記憶以來，媽一直是這樣轉著、轉著。

從我們家裡面餐桌上的菜色慢慢變得寒酸簡陋，我猜得出，麵店生意不好。

什麼都幫不了的我，只好每天回家用功溫書，把成績考好一點，媽就會露出微笑。媽的笑已經夠少，在樹林這個不再動不動血肉橫飛的地方，我能做的，就是努力把成績考好。儘管呂老師看不到，但是，只要能多給媽一些微笑的理由，我說什麼都要努力做好。

一陣子之後，媽回家不再是累得把腿抬高，而是獨坐客廳，將深鎖的眉頭埋進手裡了。生意越來越差了。

「哥哥，我要吃沙士糖啦！」

「閉嘴啦！」

我拿出大富翁陪他玩。玩到一半，他耍脾氣將紙一抽，玩具鈔散了一地。

啪！

我反手給他一巴掌，他哇哇大哭。

隔天，我決定牽著他去找舅舅。

到了自助餐店外頭，我們先遇到外婆。她只是瞪了我們一眼，隨即轉身進屋，沒說話。舅舅正坐在廊階，兩腿大開清洗著鍋具。「舅舅。」阿振叫他。

「哦，阿豐、阿振，吃了沒？裡面……」他往內看了一下，「剩菜都冰起來了，舅舅等一下加熱給你們吃。」

「舅舅，弟弟說要吃糖果。」

舅舅笑笑：「要吃什麼糖果？麥芽糖？還是沙士糖？」他繼續洗，我把想講的話憋在心底，也越來越不知道該怎麼繼續說下去。算了，不知道該怎麼說。我牽著阿振，轉身就走。

「阿豐，怎麼要走了咧？」

我停步，眼淚掉了下來。

阿振說話了：「舅舅，哥哥說要帶我來找你借錢。」

我往弟臉頰上又是一掌。

「欸！不要打弟弟。」

舅舅將水關了，往屋內走。從他打開櫃檯抽屜的表情，我知道，他的小本生意賺得也不多。舅舅朝內探看，再將錢塞給我，不想給外婆看到。我們兄弟倆走到門邊，「等一下！」他又叫住我們：「這兩隻雞腿帶回去吃。」

賺得不多的舅，還是溫暖地接濟了我們。他的手越暖，我的頭就壓得越低。我想起媽講過，她小時候揹著舅舅，赤腳跑去雜貨店買醬油，踩到碎石，痛出淚來。儘管舅舅不記得那些碎石，也不記得他姐姐的淚水曾沾濕他的臉，但這一刻，他心懷的，仍是滿滿的感激。

§

媽的「大幸」過後，就再也碰不到跟運氣有關的事了。

吃不飽不說，常常連上學的車錢都沒有，更甭提餵Lucky了。有一天，弟在牠的鐵碗裡放了一堆草，Lucky看看草，看看我，然後落寞地趴下來，直視離牠最近的水龍頭。喉內卡著一種低沉的嚎叫，我知道，那是餓的聲音。

水龍頭一開，嘩啦嘩啦跑出很多水，但沒有一次跑出食物。

這是我第一次從Lucky的眼裡，看到衰老的樣子。狗的一年，是我們人的七年，掐指一算，我驚覺Lucky真的老了。

晚上吃飯，稀飯、醬瓜，兩顆中午剩的貢丸，我和弟一人一顆，「將就點吃吧。」媽說。我貢丸只咬一口，剩下的想給Lucky，沒想到一個轉身，貢丸被弟塞進嘴裡。我想破口大罵，又於心不忍。只好用力將他頭髮摸亂，像舅舅以前對我那樣。

隔天，Lucky無預警失去蹤影。這回我愣在原地好久，比以前牠任何一次失蹤都久。這次我確信，牠不是被偷走。

牠是棄貧窮而去了。

我蹲下來，撫摸狗鍊，眼淚撲簌簌流著。如果媽問起的話，我要怎麼回答她呢？我要怎麼強裝不在乎，才能減低她的愧疚？我討厭這個自己，明明身高快跟媽一樣了，卻一點都分擔不了媽的重擔。連一條狗都養不起。

§

就在這天，我縮在公車站角落，餓得緊緊抱住肚子。上了車，乘客很少，一個過去常碰見、揹著蓬萊國小書包的男孩子，好奇地看著我。

本想撇開臉，卻被他好奇的眼神給點穴。

「你身體不舒服嗎？」

我搖搖頭。

「你是百齡國小的嗎？」他看看我書包。

「我不住這裡。」答非所問，我不知所措。

「你家住很遠嗎？」他繼續追問，好像我臉上寫了什麼謎語。

「不算遠耶。我住樹林。」

「那我們離很近耶。」

「我知道啊，你都在西盛館那一站下車。」

「可是我離學校比較近，哈。」

「那可不一定，我坐火車就贏你了！」

聊著聊著，突然肚子不餓了。

他叫鄭印清，後來我常常去他家——如果可以把這座宮廷稱為是一個家的話。

平時在校，我對炫耀穿名牌愛迪達的同學都極度唾棄，可是，我討厭不了阿清這個有錢人的兒子。事實上，連他家裡的整個氣氛，都完美得可以去演中秋節宣導短片了。我是說，除了白雪公主，誰家會掛著壁飾和蠟燭？

「印清哪！你同學留不留下來吃飯？」

不留還好，一留不得了，閃閃發亮的湯匙，舀起湯還會冒出豌豆……

我心急回家太晚，鄭爸爸還要幫我打電話告訴媽我會晚回家。

我這才知道，秦漢、林青霞般的爸媽是存在的。

印清家開工廠，生產各種螺絲，規模比南京東路老頭的那地方大多了，大到我自卑得想低下頭來。「給你！」往往在我自卑的時候，他會遞來一個我沒看過的東西。

我揚起頭，眼睛一亮：「這是什麼啊？」

「你轉轉看就知道囉！」

未料我越轉越不知道。這是一個正方體，上面貼滿花花綠綠的格子。

「要轉到每個面九個格子都是同一個顏色……」

吼，說得簡單，我怎麼整個霧煞煞。

「沒關係，下次來我家繼續加油啊！哈哈。」

心底有說不出的感動。身世懸殊，他卻對我那麼好，彷彿月曆上每個尚未到來的日子，都是我可以去他家玩的額度。

他愛看書，帶我去國語日報社的書城，《三國志》、《小王子》、《格林童話》……我恨不得能拿媽的睫毛夾把我的眼皮撐開，眨都別眨。

我也越來越期待國小畢業，一直認為，國小一畢業，我們國中就可以同班了。

但好事總不會輕易降臨我身上。印清念了建成國中，我念了百齡國小附近的陽明中學。

「媽！為什麼我不能跟印清一樣去念建成國中？」

「念外婆家附近，比較有照應。」

「這樣就不能跟印清同班了啦！」我嘟嘴。媽彷彿沒聽到，轉身蹲下擰拖把。她要忙的事情夠多了，況且，她和其他大人一樣，壓根兒沒辦法理解我跟印清的情誼。我的願望，在他們眼裡，是胡鬧。

後來想想，也好，這樣就不用被印清知道我們家到底有多窮。

但我們還是常在公車上遇到。每一回，他彷彿都能一眼看出我吃得有多不好。因為這樣，我總是習慣性低下頭，不然就藉故聊些學校裡有趣的事。快到西盛館站，阿清抓住我手腕，「這個給你。」我低頭看，是一百塊。

是彼得潘昨晚飛到枕頭邊告訴他的嗎？

他甚至貼心地不去看我眼眶裡的淚水，只是匆匆微笑轉身，蹦跳離去。可是，當眼淚滴下，掉落鞋尖，我相信他知道得一清二楚。

當天晚上我睡不著，思索他拿錢給我的那個表情。這一百塊錢，對我家來說彌足珍貴，但他卻像是當作大富翁遊戲紙鈔一樣交給我，還給我一種信得過我的溫暖微笑，彷彿這沒什麼，我就是他的家人。

我要坐多久的火車，抵達多遠的他方，才旅行得出那種微笑？在別人眼中，我該如何努力，才能看起來像他一樣？

對我來說，認識印清最大的幸運不是拿到這紓困的一百塊，而是知道原來有這麼一個人願意給我這麼一個暖暖、久久的微笑。

那張微笑，在我心中住了好久，越住越暖，乃至後來麵店的親戚坑走媽媽應得的分帳（因為親戚說我和弟常去吃免錢麵），我都覺得不是壞事。

可是為了分帳這件事，媽氣到昏倒，我替她熱敷額頭。她睜開眼，抱住我痛哭起來。「阿豐，媽對不起你們，媽沒有用，沒有給你們過好日子……」

「媽，妳不要這樣說啦！光是妳把我們生下來，我們就要感謝妳一輩子了。吃不飽就不飽啊！誰說一定要吃飽？吃得少，也很有味道啊！」

媽的眼淚浸濕了我臂彎，我想起舅舅。舅舅襁褓時，也是這樣靠在媽的肩頸，彎彎的、暖暖的，像搖籃。我摸撫媽的頭髮，希望她乖乖睡下。但她沒有。她吸吸鼻子，起身，坐到妝台前梳頭髮：「明天就去找工作。」

§

媽在餅乾工廠當作業員。草莓口味，奶油口味，一塊塊疊高，我和弟弟放學後看到糖果餅乾，簡直就像是聖誕禮物般，不禁喜出望外。

吃著吃著，發出很大的噪音。好像吃得越大聲，就代表家裡的狀況變得越好。

「阿豐，這給你。」媽塞了東西進我口袋，「省點花。」

我看著媽，突然好想哭。隔天，我拿著媽給的零用錢，去買了一大包狗食，擺在門口。我確信，就算沒擺在門口，Lucky也一定知道家中經濟好轉了。牠就是知道。

只是，一個禮拜過去，兩個禮拜過去，Lucky再也沒有回來。

15 烏雲

工廠沒了。火爆、好賭、好女色的老頭，親手毀了一切。薄薄一張信紙，卻像腳下被用力抽走的地毯，害我跟媽差點跌倒。

進入國中，住在樹林的日子過得飛快。國二即將結束的那個夏天，班上同學毛躁不安，都在等「ＥＴ外星人」的降臨。

除了媽，她勤奮又努力，一下子就升到領班，帶回家的餅乾卻越來越少。「小心蛀牙！」她對弟弟說。

我瞪弟弟：「都是你害我的！」

也不知道為何要假裝自己還很愛吃餅乾——夜深人靜，思念著南京東路那可憐的窄房間，想著想著，答案快要出來，但又往往又臨時縮了回去，像便秘。

可能那個答案還不想出來吧。

我從家裡走到外面，努力往上一跳，赫然發現自己已經高到可以搆著榕樹的枝幹了。可是，手上的物品沒變，不外乎一個空桶、一包垃圾，多麼掃興的一個畫面。我衷心希望，自己以後更高更大，可以看到不同的視野，哪怕只是發現樹林的那一邊赫然矗立著一座城堡般的建築，什麼都好，只要和現在不一樣。

§

這天晚上吃飯，三菜一湯，有我最喜歡的玉米炒蛋，突然外面有人敲門。弟弟蹦蹦跳跳去開門，我還繼續纏著媽，不死心地想說服她買魔術方塊遊戲機給我。大人的聲音從客廳傳來，我忍不住起身往那方向走去。

是兩個警察。

「朱小姐嗎？」

「你們什麼事？」我搶在媽開口之前，大聲問。

「朱小姐，請跟我們回警局一趟。」

媽整個傻了：「警察先生，這麼晚，有什麼事嗎？」

「有人告發妳開私娼寮，跟我們回警局就對了。」

我攬住媽手臂往後退：「我媽媽沒做壞事，你們不要抓她！」

「阿豐，不要怕，跟他去就對了。」

警車上，我和媽都有預感，是老頭在搞鬼。果然，一到警局，一臉鬍腮的老頭大步對我們衝過來，指著媽一口咬定：「就是她就是她！她就是私娼寮的主使者！」

「私娼寮？」媽額頭冒青筋：「你在胡說什麼？」我看到旁邊一堆女人，每個人都低著頭，羞愧得動都不敢不動。

很快地，我認出了淑娟姐，濃妝豔抹，也垂著頭，混在女人們行列中。老頭繼續在那裡咆哮：「警察大人，私娼寮就是這個女人開的啦！我都是聽她的話，領她的薪水！」

「我？」媽差點昏過去：「我什麼時候開私娼寮？阿源，為什麼你要這樣誣賴我！」

「警察大人，你看！她又在狡辯了，這女人心機很重的，你們一定要好好辦她！」

「辦我？你實在太超過了！」媽衝上前推打老頭，我很怕老頭揮拳回敬，趕緊拉著媽，要她冷靜點。媽癱跪在地上痛哭起來：「上次為了工廠被卡車撞，差點連命都沒了，你不知檢討，還把我拖下水，你到底是不是人哪你！」媽的淚眼認出那群女人裡面的淑娟姐，「淑娟！」媽抓住她肩膀用力搖：「妳幫我作證！是阿源誣賴我的，對不對？」

淑娟姐緊低著頭，一聲不吭。

「妳說啊！淑娟……妳好好的怎麼會變這樣……」

「好了啦，媽……」看媽哭，我忍不住上前將媽拉開。「媽！」

淚眼朦朧中，我看到淑娟姐一臉筋疲力竭。媽與淑娟姐，像鏡裡鏡外，兩種疲憊。

我心灰意冷地瞪著老頭。這麼一個高大、無法停止帶給別人痛苦、名叫阿源的男人，從不跟他說任何話的我，日後就算談起他，也對這個人無話可說。

那天媽當然沒事。也毫不意外，回家後她咬牙切齒了好長一段時日：「你看我穿這樣像嗎？那個死老頭，壞事做那麼多，遲早被雷公打死！」

轟！

著名的西仕颱風來到北台灣了，吹得屋頂嘎嘎作響，我們在四樓，可是水已經朝著一樓猛攻。

媽衝出家門，到一樓幫忙舀水，好久沒有回來。

弟弟緊緊躲在棉被裡，被我用力掀開：「躲什麼躲！外星人ET來了啦！」

「啊！不要嚇我啦——」

我笑了，笑歸笑，但颱風畢竟不是好玩的事。

豎起耳朵，我追蹤著屋外動靜，掛念著媽什麼時候進門。

眼看著一樓的水越淹越高，我打開門喊：「媽！進來啦！」

「不行啦！」她抓著畚箕，將水大舀一次次往外潑，不忘抬頭吩咐我：「你進去，我這裡快好了快好了！」深色的雨衣，遮掩不住她發出的那道光輝，如同她在掌舵。

只是，濺在臉上的雨水迫使我不得不將門關上。我們這個家，是一艘受困怒海的船。

轟！燈暗了。

不知為什麼，颱風過後，我深深記住了這個年份：民國七十一年。

陽光轉強，照亮了死傷、土石流的新聞。開學後，班上有個住泰山的同學，家中災情慘到從此沒辦法再來學校上課。

「大家安靜！」導師拿藤條抽了講桌兩下。

上國中就是為了聯考，不會再多了。

成天看著那些好學生較勁誰考幾分、誰第幾名，我撇開眼，卻看到考輸的同學開始搗亂。再仰高頭，看到天花板有條細線緩緩飄落，將同學們分成兩邊，從此他們的人生各往兩條相反的路，漸行漸遠……

緊低著頭，準備不完的小考，過一天是一天。偶爾坐在我後面的癟三謝峻德推我後腦一把，我頂多回嗆一兩句，悶著頭繼續K書。

對我在校的一切，媽媽一概依成績單來判斷。很自然，她總認為，成績維持在前幾名的我，在學校，也和同學處得融洽。

§

ET終於來了。對「ET外星人」電影海報頗不以為然的媽擱下報紙，說：「點一根手指在那邊幹嘛？拜拜是不是？」她搖搖頭，出門上班。

獨留我一人，默默將稀飯喝完。

還好有印清。

媽給弟買了台單車，我卻常抓著就往印清他家騎。

陽光很大，我們蹲在庭院種花、澆水，期待未來一片萬紫千紅。趁印清去裝水，他妹妹走過來在我耳邊悄聲說：「阿豐，我偷偷跟你說，我哥說他很愛你耶，他說如果你是女生，他要娶你耶。」

「哈。」

印清就像故事書裡面走出來的小王子，一言一語，都是這般純淨、無邪。

在他的要求下，我雖也同意讓他來我家做客，但當他意識到我沒說謊，我家真的沒什麼好玩的，兩人之間也才取得共識，不再提「去樹林」這種餿主意。

禮拜六放學，窩在他家沙發吹冷氣，看電視長片，跟水深火熱的學校教室比起來，簡如天壤之別……

「谷名倫耶！」阿清指著電視。

「哈，我演過他兒子！」我說。

「啊？」

「我小時候在路上被抓去當臨時演員，就演他兒子啊！」

「真的喔……那他死的時候你有很難過嗎？」

「他沒有死啊！他後來跟女主角幸福又美滿耶……」

「我是說戲外啦！你忘了他兩年前跳樓自殺？」

「他……」

當天晚上，我輾轉反側。

一個短暫當過我爸的明星，就這樣殞落。

或許我根本不適合當任何人的兒子，更注定不該擁有爸爸……

也或許，在谷名倫跳下之前，也不過想當個平靜的人，僅此而已。

接下來幾天，我心情極差。上課時間，腦際不斷盤旋著老頭那張可憎的臉。我想，就算脫離老頭已久，但我從未真正從陰霾下離開。

好不容易，稍稍能舒緩壓力的工藝課，卻一人發一塊硬梆梆的木板。大家緊握雕刻刀，劃著難纏的木板，試圖雕出一隻和範例一模一樣的魚。我用力拓墾著這座木頭山，一邊咬牙想著，許久不見南京東路工廠的叔叔阿姨，他們現在過得好不好，工作會不會比我現在還粗重呢……

啪！

我猛猛轉頭，怒瞪著看是誰敢打我。是坐在我後面的那個癟三謝峻德。

「看什麼看！」他有膽回應我的怒視。

「你再打一次就給我試試看！」

「幹！不能打是不是？」

他手伸來又是一巴。

幹，沒出息……老頭的聲音撞擊著我耳畔，嘶嘶聲燒灼著我腦中央那個一直沒有平復的、深深的傷口——

我整個人彈跳起來，動作快如閃電，舉起手上雕刻刀朝謝峻德所在的位置一揮。一道血痕從他脖子浮現，先是淺淺的，接著豔紅如花。

我一陣暈眩，渾然未覺兩秒前發生的事。

§

為了這件事，我被叫去訓導處罰站。罰完站之後，那個夏天，我不再跟同學講話了。也沒什麼不好，因為孤單，夏天一下子就過去了。

想想，我和印清之所以會念不同國中，是一種命中注定的階級之別。沒有誰下令我不能和他念同一所國中，但就是注定如此，我只能存在得淡淡的。

淡淡的。

§

「外公呢？怎麼沒看到他。」我問舅舅。他正在沖洗著自助餐店的鐵盤。

「他……走了。」舅停了一下才說。

「走了？」我不懂。

「就——離開了啊。」舅似乎不是很想回答。

為什麼離開？我非知道不可。小時候，我真的比較喜歡外公（尤其和外婆比起來）。我不斷追問，最後舅才透露：外公不是舅舅的親爸爸，當然也不是媽媽的親爸爸，因為媽媽是領養的。所以呢，外公隨時可以離開這個家。

可是，那，他為什麼住在外婆家那麼久呢？我心底的問號越滾越多。

「他認識新朋友了。」舅答得簡短，接著起身往別處走去。

那新朋友是男生還是女生呢？

舅冷峻的背影，讓我不禁將頭低下。此時，問得越少，才代表自己越懂事。

離開舅舅家之前，我偷偷繞到屋子後面，從外婆房間的對外窗，偷偷朝內窺探。外婆坐在鏡子前，披頭散髮，一臉落寞，一點也看不出昔日的她，嗓門有多尖銳。

她後悔以前對外公那麼兇嗎？

§

「我一直都知道外公不是媽的親爸爸，但怎麼也沒想到，外公也不是舅的親爸爸。」我對印清說。

「如果他隨時可以離開，那他跟你外婆，是不是就沒有結婚？」印清分析著。

「是這樣嗎？我可能要問我媽才知道。」我眉頭深鎖。

印清繼續分析：「會不會是你舅舅開自助餐店，你外公沒貨運行可以做，就去外面退休了。」

「去外面退休？退休有需要去外面嗎？」

「不知道耶，我去問我爸好了。」

想想，還真是奇怪。

外公不是媽和舅的親生父親，卻待他們如親生骨肉，等到姐弟都成家立業，才放心離開。

看得出，他受不了外婆很久了。沒有結婚證書綁著他，他還是待了那麼久。

反觀我老頭……

§

一封監獄寄來的信，給了日子一些波盪。

老頭真的被抓去關了。

不過，跟開私娼寮無關，這次開的東西比較小——幾張空頭支票而已。被告到脫褲子。

「這才是他應該去的地方。」當下，我心裡這樣想。

媽擱下信，臉色沉重。

「吼，媽，不要被他弄得心情不好啦！」一把將信抓過來，怎知我看完後，自己竟然露出和媽一樣的沉重表情。

信箋上赫然出現「我錯了」、「我對不起你們母子」等等字眼。儘管我很難相信，這些字眼會是那老頭的肺腑之言，但一切都很亂，我們毫無心理準備面對這封信，自然也不敢輕易否定內文。

工廠沒了。火爆、好賭、好女色的老頭，親手毀了一切。

薄薄一張信紙，卻像腳下被用力抽走的地毯，害我跟媽差點跌倒。

我知道媽迫切需要做出一個決定，否則天花板就要垮下來了。

「原諒他吧，媽。」我說。

媽搖搖頭，不想多說。

§

當天晚上，我又後悔自己說出「原諒老頭」那樣的話了。受了那麼多傷，為什麼我能輕易將原諒說出口呢？

不可能是這樣的啊……

輾轉反側，我睡不著。或許說出這話，不過是想感受一種「我也救得了老頭」的莫名優越感。他痛毆我無數次，我都沒死。現在我一句話，就救得了他。

呵呵。

想著想著，被子越來越重……似乎過往那些傷口，又回到了我身上。

§

入冬，家裡多出一個人。

看到他，我撇開臉，走入房間。

出獄後，老頭瘦了許多，滿臉鬍渣，渾身臭味像一年沒刮鬍沒洗澡。媽抵押房子保他出來，然後，大家都不知接下來該怎麼辦似的大眼瞪小眼。被關完後，老頭關節也退化了，成天窩在家裡，手摸過一張又一張的舊報紙，看看這些日子都發生了什麼事。唯一不關心的，就是我們母子三人的事。

「阿振，過來！」

他雙手朝弟一伸，想給這昔日帶給他一段輝煌歲月的幸運物一個擁抱。

弟怯怯看著他，不敢朝他靠近。

我則躲得遠遠，將房門緊閉，這屋子已經夠小，老頭一來，我的活動範圍又更小了。他做慣了大爺，現在寄人籬下又不敢輕易發飆，好幾次他的怒火已經激到臨界點，被媽冷冷一哼，他轉瞬熄火，只好出門哈菸。冬天到了，看他一個人站在外頭，拉緊身上的棉襖禦寒，像極了一隻滑稽的企鵝。真不知該幸災樂禍還是遞給他一件棉被。

但很快，他就不甩「抽菸到外面去」的家規，大剌剌在家裡點起火來，惱得我很想在他打火機內灌酒精膏，一次讓他永生難忘。屢次想起媽媽苦勸我的「他畢竟是你爸」那句話，我總是端起碗往自己房間走，死也不肯和老頭同桌共食。

老頭在身旁，我們的生活就像一條繃緊的弦。偶爾，天花板傳來喀啦、喀啦的不明物滾動聲音，總是讓我背脊升起一股莫名涼意——這個家，隨時坍垮都不奇怪。

老頭在身邊，我也慢慢刻意疏遠印清。原因是，總擔心哪天印清突然撞見老頭，過往那些不堪的傷痛，會一次、全面遭到揭露。每天上學，面對路的兩邊，我選擇往右，朝寂寥的火車站走去，避開在公車站遇到印清的可能性。我不想讓他看到我這張被老頭弄得心煩意亂的臉，免得到時候他問：「你心情不好？」

我可能真的會用力心情不好給他看。

§

與老頭共處同一屋簷下，每天放學，我不看他一眼，便喀一聲關進房間裡，直到吃晚飯，房門才再度開啟。本以為可以這樣相安無事好一段時日。

直到一天——

「幹！要個兩百塊，妳裝什麼臉給我看!?妳現在事業做很大，了不起了是不是？啊？」

我豎起耳朵，是老頭在飆罵。

「我為什麼要給你錢哪？供你吃供你住還不夠？好手好腳不會自己去賺！」

「住這個鳥不生蛋的地方是要賺什麼？掃廁所嗎？還是撿垃圾？」

「要掃要撿隨便你。要賭博，就不要跟我哭窮，我家不是給你開私娼寮用的——」

「幹！」接著是清脆的「啪」一聲。

我用力推開房門，衝到老頭面前：「你是怎樣？撒什麼野啊！」

「幹！你管啥小？」老頭往我肩膀一推，我節節後退。「長大了是不是？翅膀硬了？幹，去飛啊！去跳樓啊——」

「供你吃供你住，跳樓也是你先跳吧！」

「幹！」他一拳伴隨著咒罵聲揮過來。

我撞了牆，頭冒金星，踉蹌後退。好不容易穩住腳步，心底的怒火再也無法抑制，口中發出狂暴的「啊啊——」我朝他撲過去，猛力亂打。

老頭只出了一腳就讓我往廚房飛去，鍋碗和我一起掉在地上。

我心一狠，翻身抓到菜刀，再衝到老頭那張猙獰的臉前。

「你不要逼我，不然我一刀讓你死！」我發抖著手。

媽看到我手上的菜刀，整個嚇愣：「阿豐，你刀放下，不要衝動……」

我穩住情緒，慢慢地、一個字一個字對著他宣讀：「要住這邊的話，最好給我安份一點，不然去喝西北風，沒有人會留你。」

「幹恁娘，你不想活了！」老頭伸手要奪我的菜刀，我作勢揮力朝他用力砍去，他沒料到我敢這樣，連忙把手一縮，卻是氣憤已極。「幹！」他大力咒詛，朝牆用力一捶：「幹！母子都是瘋子！」老頭將大門驚天動地一摔，找酒去了。

長達一分鐘，我和媽佇立原地，一動也不動。

我一滴淚都沒掉，他不過是我頭上那朵未曾離開的烏雲。也是一朵或許永遠不會離開的烏雲。

16 路的盡頭

一切的一切，像旋轉木馬繞著我。突然間，我意識到，我與阿清之間的距離有多遙遠。不僅是他家比我家有錢太多，也因為，我自認永遠無法成為一個跟他一樣好的人！

「你的臉怎麼了？有沒有擦藥？」

我別開臉，不想回答印清的問題。他特地大老遠走來火車站等我，我臉上的瘀傷就這麼被他撞個正著。

「阿豐，如果你被欺負，一定要跟我說。」

我點點頭，心底憂煩著，臉上的傷，會偷偷透露給印清知道那些發生在南京東路的一切事情：鐵絲、燙痕、差點被車撞死的緊急剎車聲。面對印清這麼要好的一個朋友，我無以斷除過往的傷痛，只能任憑不堪的回憶，一次又一次鞭笞著現在的我。很可能，也包括未來的我。

每天上下學的顛簸路程，是為了逃離這個家，也是提前啟程，目的地是一間不明朗的、未來的學校。

越逼近高中聯考，導師語重心長，開始逼問我們以後想做什麼。誰都看得出他喉結裡藏著一句：「不讀書等著撿牛屎。」什麼是牛屎？鮮花插牛屎的那種牛屎嗎？那當個老頭那種牛屎也不錯啊！起碼成天輕鬆自在，風乾還可以當肥料。

§

一天回家，我看到一個女人，癱坐廚房凳子上。穿著紅色細肩帶小可愛的背影，披散一頭凌亂捲髮。

當她側過頭，我才從那雙眼睛，認出她的身分來。「淑娟姐。」花了一番力氣，才說服她從廚房寒酸的凳子，移動到客廳籐椅上。她支支吾吾地說，她沒臉見媽。「媽很晚才會回家。」我安撫她。

「阿豐，你長好大了。」她擠出一絲微笑，摸摸我的頭。

初識她時，我才九歲。現在六年過去了，淑娟姐也不再是當初那個一臉青稚、涉世未深的樣子。「你爸私娼寮收攤後，我就改去龍山寺那邊接客了。」她聲音氣若游絲，帶點沙啞：「做這行，一腳踩進去，就回不來了。我們哪，臉一旦被記住，就是被記住了，哪裡都去不了了。」

淑娟姐還說，老頭欠她一堆錢，她窮到發慌，逼不得已找上門，可是老頭請她先在廚房坐下，然後說他去外面湊錢還她，就牽著阿振出門了。「誰知道，湊著湊著，就不回來了。」

眼看天色漸暗，淑娟姐不可能待到媽下班回家，否則肯定又是一場混仗。我想了想，跑去房間將聚寶盒打開，想拿一些錢給淑娟姐。

誰知，盒內的錢也不見了。

全被老頭偷去賭了。

我掏掏口袋，只有公車月票。

「淑娟姐，這月票給妳，妳可以用我的月票去坐車。」

她點頭收下，走前，我再問她：「可以給我妳的住址嗎？等我有錢，再寄給妳。」

淑娟姐笑笑搖頭，轉身離去。

§

為了那一個背影，我心情糟到極點。

心情最差的時候，我的生日到了。

這寒冬中的生日，一完，就要過年了。

印清幫我辦了一個派對，「我們要扮成阿拉伯人！」他提議。

我點點頭。

他邀了好多建成國中的同學，各個笑容滿面，壓根兒看不出考好考壞；我陽明國中的同學，一個都沒有。牆上是淺藍、粉紅、黃綠等柔和顏色的壁報紙，上面滿滿的放大十倍的字跡。放大十倍的字，看起來像小丑鬼臉，但我就是辨識得出，是印清寫的。周遭這麼多建成國中的眼睛，我的處境，會不會也被放大十倍？

一切的一切，像旋轉木馬繞著我。突然間，我意識到，我與阿清之間的距離有多遙遠。不僅是他家比我家有錢太多，也因為，我自認永遠無法成為一個跟他一樣好的人！他所謂的實現夢想，就是興高采烈抱起一台由天而降的遙控車。我的實現夢想是什麼呢？

手裡捧著他給我的阿拉伯服，面對那麼多不認識的人，我愣愣站在原地，不知該跟誰講話。

突然，老頭那張猙獰的臉，又盤據了我的視線。

從未有人為我辦生日派對，我直覺幸福不會來得那麼順利。老頭會突然衝進來，對我們破口大罵嗎？他都能找到樹林去，要找到印清家一定也不難。

不難……

我呼吸困難。

「欸，換你了！」

阿清換好了，一副小大人的模樣。

「不准笑！換你了！」他朝我肚子哈癢。

「哈哈哈——」

「快點啦！」

他掀起我上衣。

「不要啦！」

「那是什麼？」他突然發現什麼似的。

我一愣。

「你背後有疤耶。」

話一說完，大家視線往這邊射過來。

「阿豐，你是不是受傷了？」

「沒有啦！哪有！」我跳開一步。

「真的啊！我剛剛有看到——」他往我靠近。

「走開啦！」

「給我看一下啦！」

「吼！煩耶——」我用力將他推開。

滿室的歡笑聲驟然停止，蛋糕靜靜看著我們。

「欸！你為什麼推我哥啊？」

空氣凝結。

宿命般的，我的生日，定格在如此不堪的一刻。

§

「怎麼那麼晚才回家？」老頭問。

不想回答他，我繼續走回房。

「你同學打電話過來。」

我一怔，停步。

「一個姓鄭的。」

「喔，我知道了。」

關起門來，一想到老頭跟印清講過了話，我一陣忐忑，卻做不了什麼。現在的生活，雖不像以前三不五時被毆，但老頭的存在，就像一股悶在胸口的病痛，教我沉滯在原地，無法踏步向前；他的存在，無時無刻提醒著我自己難以蛻變的事實。

我看著鏡中的自己。我究竟是什麼樣的一個人？為什麼就是羞於示人？不過就是以往發生了一些事而已，那些事根本不是一個人真正的自我。我到底有什麼見不得人的？

好多事，不會有答案的。

放學後，我不再直接回家了，反而停留在公車站徘徊，免得在公車上碰到印清。再要好的朋友，都沒辦法對望太久，一如我仰視太陽，也只能一下子。夜深人靜，我盡量不去想許久未見的印清。溫熱友誼要很久，毀壞只要一秒鐘，況且，有些先天注定的差距是消弭不了的。我在床上翻個身又想到，滋滋好久沒出現了。

以前老頭打我，是滋滋最常出現的時候。

現在老頭纏上我們，滋滋沒跟著回來。

§

我正蹲在一樓砌磚塊，卻看到印清遠遠走過來了。我本能似的立刻轉頭望著路的另一邊，擔心剛去買酒的老頭突然走出來。

「阿豐，你為什麼都不來找我了？」

他臉上當然不是往常友善的笑容，而是淡淡的、渴望友誼的疲憊。

我心生不捨，卻更怕老頭突然走來，毀了一切。

「我們去別處好嗎？」

「不要，你告訴我，我哪裡不好。」

「印清……」

「我保證不會再追問你傷疤的事，你再來我們家好不好？」

我強忍淚：「我們到別的地方去……」

「不要，你不要趕我走！」他眼淚迸出眼眶，「我要繼續當你的朋友、我不要走！」

強風吹動不知名處的鐵罐，我心底一抖，往路的右邊看去，確實有個黑影，正在慢慢逼近。我急了，抓起他的手，想往另一邊逃跑。

印清用力甩開：「不要！你不讓我進去你家，是不是不想跟我做朋友了？」

「阿清！」

「是不是？你說！」

我往另一端望去，那個黑影手提著兩個瓶子，我心跳不禁加快。

「你說啊！」

「對啦！你走、你回家啦！」

印清愣住。

「你走啦！我再也不想跟你碰面了！」我喊到沙啞，趕緊收住哽咽。

然後我看到印清的臉，從錯愕轉為驚恐，他節節後退，猛地轉身，快速奔跑……

我趕緊往左邊看，阿通伯提著兩瓶炒菜用米酒，好整以暇踱步走來。再看印清，他已越來越小，縮成一個小點，終而消失在路的盡頭。

§

這是最難捱的一個夏天。沒人懂我臉龐蒙上的陰影是怎麼來的。或許在大人眼中，挑燈苦讀、準備赴考的孩子，本該是這樣的一張臉吧！

下班後，疲憊的媽倚靠在籐椅上，我坐一旁剝四季豆，一條條的絲，堆成一頂綠假髮。

媽突然想起什麼，疲憊地抬起頭問：「那個考高中，是不要要填什麼報名表、家長要簽名啊？」

「不用簽名啦！而且我又沒有要考。」

「沒有要考？」媽爆跳起來，「什麼叫做你沒有要考？」

「高職我還是會去考，高中我不想考。」我答得淡然，繼續剝四季豆。

「不想!?」

看她頭髮亂成一團，我要她冷靜：「媽，很晚了。」

「晚什麼？騙我現在報名太晚嗎？」

「就不想考咩！」四季豆一丟，我也生氣了。

「什麼叫不想考？不想考我每天做得要死要活是為什麼？」

「為什麼!?我哪知道為什麼啊？煩捏……」

我一摔頭，往房間走去。

「你給我站住！」媽扯住我領子。

「幹嘛啦！」用力甩開。

「我每天工作那麼晚，就是希望你不要跟你老頭一樣——」

我憤然打斷她的話：「誰要跟他一樣啊？我也是想替妳減輕負擔，所以要去念建教合作班啊！」

「建什麼教啦？我叫你去念大學！」

「國中畢業跳級念大學喔？我沒那麼天才！」

「你給我去考高中！阿豐，大學都考高中教的，你不念高中怎麼考大學？」

「不想念，沒興趣啦！」

「你不念大學以後要吃什麼？西北風啊？」

「妳管我？我喝西北風也是我家的事！」

「你家的事？說那什麼話？你家不是我家？」

「我家！」我大吼，「是我家！我考上就搬出去！」

「你講什麼!?」媽一巴掌打過來，我及時躲過。

「妳家了不起啊!?我考上搬出去！不會住妳家啦！」

「說什麼鬼話？說什麼鬼話……欠打！」媽朝我撲打過來。我快步跑入房間，將她往門外推。

「阿豐——」

砰。

「阿豐！」

媽的聲音，劃破黑夜，響徹鄰里。

§

考完後，我上了大安高工。

我沒讓其他同學知道我沒去考高中。儘管大家都認為依我成績上得了第二志願。老頭住在我們這裡，錢越花越兇。看著媽，我聳聳肩，勇敢笑笑，對她說：「我早點賺錢，大學以後給弟弟上。」家裡目前經濟無法支付我的高工學費，我想快快念完快快工作，所以「建教合作班」是最適合我的一條路。

17 寂寞的手

我是一個逐漸老化的十五歲少年，變老的速度，比花開快，比太陽運行慢。

導師點完名，教室內只有些許窸窣耳語。大家雖然彼此不認識，可是同學們來自各方，也已經各自標記好了各種友誼的開端。

我對這開端，不帶期盼。

我就讀的是大安高工機械科建教合作班，「念三個月，工作三個月。」老師人很好，她說「工作」，而非做工。

課本一冊冊發下來，比國中、國小都厚得多。書包垂晃的方式變了，我也改變過往的上學路徑。現在先搭火車再轉公車，經過忠孝東路、復興南路交叉口。這裡更接近城市的心臟，我的壓力與惆悵也就更說不出口。

校內樓宇最高的一幢，有四樓之高，就在某次午餐時間，我爬上頂樓——生平以來所去過最高的地方——朝下眺望。

遠遠望去，看到側門一堆學生將手伸出鐵欄，拿錢跟自助餐店老闆換便當，手們進進出出，不斷添換新的手部動作，手臂與欄杆的摩擦，交疊著嘻笑怒罵。什麼時候，我才能參與其中，找到那個像印清一樣，能傾吐、能託付的聲音。

回到家，「新學校怎麼樣？」媽問。

我簡單點頭，看到老頭無所事事翹腳嗑瓜子，我又搖搖頭一面走入房間。媽不再多問，顯然她看到我點頭後就低下頭繼續縫衣服，沒看到我後來搖的頭。

渾渾噩噩的，不知道為什麼。

三個月過去，跟同班同學相敬如冰，交不到一個新朋友。

寧可一個月是一年，三個月就畢業走人。奈何老天爺不允許，學費得自己賺。

§

建教合作的地點，被分配到位於泰山的一間製罐工廠。第一天，我和一群同學跟著領班拜見過一台又一台的機具，以後，它們是我的繼父繼母。它們會對我，像外婆對媽媽一樣。

「明天開始上工。」領班說完轉身離去。

這也是生平第一次外宿。有些同學因想家而紅了眼眶，我看見了卻一笑置之。呵，住在外面算幸運吧，有老頭在家，我就是可以不那麼想念樹林的那幢矮屋。

也因為不夠想家、不願為家流淚，我深深感受到，自己是一個哀傷的人。

每天從早上九點工作到下午五點，加班通常要到晚上九點，下班後疲憊得再也沒有哀傷的力氣，但想起一個月有三千塊，又稍稍安慰。肩上的痠痛，是從遙遠的媽媽肩上分過來的，這麼一想，一切又值得隱忍了。

只是一個禮拜過去，體力越來越難負荷。累，又吃不好，連拉兩天肚子，跑廁所跑著跑著，藏在床下的兩百塊就被上鋪的小建學長偷了。

沒有人承認，但我就是知道是他偷的。

我避開寢室內一雙雙遺棄我的眼神，跑去跟舍長借了枚銅板，走到宿舍樓下。

天色好黑，我心底空空的。

撥了電話給媽，她應該下班了。

「喂？」果然。

「怎麼了？」媽聲音聽起來疲倦中難掩不耐，好像我只有惹麻煩才會打電話回家。

「沒事，胃不舒服。」

「吼，你怎麼那麼不注意自己身體啦！」她氣急敗壞。

我怕她又哭，趕緊說：「媽，我沒事啦，妳別擔心。」

彼端一陣喘息。

「我說真的啦！我很好，不然怎麼打電話給妳？」

很奇怪，樹林和泰山之間，明明一趟車就到了。可是母子也才這麼幾天沒見到面，彷彿各自搭上了逆向列車，越離越遠似的。

媽老了，每天上班，累得很快，白髮一天比一天多，再也不能回去做搽口紅的工作了。

「媽，妳身體好嗎？」

「硬朗得很，在那邊亂問什麼？啐。」

掛上電話，我腦裡是小建學長眼裡作賊心虛的眼神。

唉，沒了那兩百塊，接下來要怎麼過下去呢……

隔天起床，渾身痠痛中勉強上工，渾身虛弱得連瞪小建學長的力氣都沒有。我知道他心虛。隱隱感覺得到，他偷了錢，成天心神不寧。

我無暇多想那兩百塊，在燥熱與油垢中，規律地和機具角力。手腕、手臂上，慢慢積累難以言喻的痠痛，有時像蕁麻疹，抓不到的癢，有時又像體內被白蟻慢慢蛀空，動作也越來越僵直，越來越像機器的一部分。

毫不懷疑，我是一個逐漸老化的十五歲少年，變老的速度，比花開快，比太陽運行慢。無論如何，我必須牢牢記住領班說的：「千萬別分神。」因為巨大無情的切刀，像老虎大口一開一合，一個不留神，都可能跟雙手說再見。

一成不變的勞力動作裡，我不禁想：如果我一輩子只能做這樣的事，那以前國中那麼用功念書、考好成績，是為了什麼呢？兜了一大圈，還不是只能做工？

我想起Lucky，此刻終於了解到，牠是故意跑掉的，牠知道自己快要死了，不想給我們傷心難過，就偷偷跑去躲起來，偷偷等死。那些消失的蝴蝶、蜻蜓，是飛去找牠的，我知道，一定是這樣的！

「啊！」

身後傳來一陣慘叫，大夥往聲音望去，看到一個沒有手的人。

小建學者兀自呆在他的工作站，不知所措，連找個人靠扶的能力都沒有。

他，他的手沒了……

就是沒了。

往下看，一雙手，掉落他腳邊，彷彿要抓住他的腳踝。

我仰高頭，天旋地轉……

§

日與夜的交闔處，擠壓出一抹熟悉的靛藍，像複寫紙。這種藍色認識我，以前當媽媽清晨稀哩呼嚕喝光稀飯趕著出門上工之際，它就就對我打過招呼。現在，我卻找不到一個姿勢來回應它，好像即將亮開的每一天，都蓄勢要把我面對的每個難關照得更亮，一天亮過一天。

熬過工廠前三個月的那個寒假，天氣突然溫暖起來。

媽燉了一鍋苦瓜湯。我一直沒告訴她，其實我不喜歡苦瓜湯。

這一吃，不得了，味道好甘甜哪！

「媽，妳加了什麼？」

「沒有哇！不都一樣？」她愣在一旁，看我吃，「不好吃嗎？」

我搖搖頭，趁機問一個過去數月心中醞釀已久的問題：「媽，妳要不要找個人嫁了？」

她被我這麼一問，整個傻了。我豎耳追蹤客廳裡的動靜，每天跟媽睡在一起的老頭正沉迷在歌唱節目裡，應該無暇偷聽我們的對話。

彷彿無力招架這問題，媽扶著桌沿坐下。廚房鍋碗湯菜，都盯著她等她回答。「我這輩子，沒真正愛過一個男人。」她慢慢說著，又不經意聳了聳肩，「以後也不會了。」

「媽，妳又還沒看過所有男人，怎麼知道不會呢？我一定會好好跟新爸爸相處，不會跟他吵架的。」

媽笑而不答。

「上次，舅舅不是說要介紹妳去跟人家相親嗎？報名『我愛紅娘』也可以呀！」

她垂下頭，若有所思：「遇到中意的又怎樣？現在不比以前了，什麼事，都不能重新來過一次。」

「是因為老頭在這裡嗎？」

她搖搖頭：「跟你老頭沒有關係。阿豐，以後你會知道，女人到了一定的年紀，該放的，就會放下。放不下，還是必須往前看。而且你看我的腿，疤那麼大，哪個男人會娶我？」

「噢，妳不要這樣想啦……」

飛向你，飛向我——電視裡金瑞瑤唱著。

低頭繼續喝湯，這念頭只好配著苦瓜吞下。

§

一開學，陽光特地蒞臨大安高工上空，用力照耀。

開學的第一天，班長、副班長要重選，老師要大家推舉人選。大家你看我、我看你，這職位要跑東跑西，做很多雜事，挺累人的。

「我提周郁涵！」

「我提高英吉！」

「我提田定豐！」

田定豐，這三個字，聽起來越來越不像我，又或者說，我活得越來越不像這個名字。在這個時間這個空間，我閉上眼睛還能看見小建學長那雙掉在地上的手，我彷彿剛從成人世界走回一間教室，對週遭此起彼落的喧鬧，淡然視之。

回過神，全班哈哈望向我，投票通過，我已被推入班長這個位子，手已上銬。

下課後，我步伐不穩，走走走，絆了幾下又驚險站好，最後乾脆躺平西側那片大草地，直視耀白炙眼的陽光，再閉上眼，享受黑暗中雲霧般的螢光綠慢慢扭曲變形，帶來暈眩的快感。我再叛逆最多也只有這樣了，媽眼中倔強的小孩，在同儕眼裡，卻好欺負得可笑。

「班長！」我趕緊起身，看到印刷科幾個女生笑看著我。

「我們來拜碼頭！聽說你是隔壁班新班長啊？」

「啊？」我忙著拍去身上草屑。

「我們要去吃冰，看你要不要去？」

「對呀，不巴結你一下，怎麼聯誼呢……」

我一時失措，沒頭沒腦問道：「紅豆冰嗎？」

「你要吃綠豆冰也行！」

「只是比較小顆，哈哈！」

跟著一行人走向冰店的過程，我視線持續停留在一位同學臉上。曾淑玲。上學期樓梯間肩膀擦撞一次，她回頭瞪了我一眼。又有一次，我聽到她跟別人說我呆呆的。但我對她印象深刻的原因，恐怕還是因為，她的名字跟我媽最愛的女歌星「林淑容」，都有個相同的「淑」字。

一個簡單的四目交接，我心跳怦怦。紅豆從刨冰塔尖，滾落。

她成了我女朋友，每節下課，我們就膩在一塊。

「哇！牽手咧……班長很厲害喔！」

有了班長這件披風，突然威風了起來。

「走廊誰掃的？眼睛是糊到什麼？」

「喂，不要講話，秩序分數輸別班我就不饒你！」

「欸！你們不要欺負蔡振凱啦！」

就這樣，常被欺負的蔡振凱被我們拉到一起，三人如影隨形。在曾淑玲眼中，我越來越像一個英雄。後來另一個人加入了我們，也帶來一種奇怪的氣氛。他叫林明亞，讀的是汽修科。午餐時分他告訴我們說：「我以後要去變性！我要找一個愛我的白馬王子，就算生生世世，我都要等到他！」

我皺著眉頭，看林明亞將嘴噘得小小，舀起一小口布丁，滑溜地吸入口內，噗滋作響。再看他的手，這就是傳說中的蓮花指吧？

我望望曾淑玲，不解地用眼睛問她：這是蓮花指嗎？

她搖搖頭，不懂我的意思。

我頗喜歡這種怪怪的友誼形式。有時出奇不意戳林明亞一下，他會像火雞一樣跳起來，尖銳叫聲順便震裂蔡振凱手上的方塊酥。然後曾淑玲吃醋瞪視我，我就更得意了。

一放學，我們四個以步程取代公車，他們陪我從學校走到台北火車站，叫著笑著，一點都不遠，比火車還快。偶爾林明亞汽修科班上會有幾個混混隔著馬路對我們叫囂：「哈！人妖林明亞找到白馬王子了！」我扯嗓回嗆他們：「可惜你媽沒有找到，所以生下你！」

18 信心的種子

胸口已沒有五年前那次被老頭揍垮在車裡時的那種悶悶的、酸酸的、刺痛的感覺。這醒，一如睜眼看見校園樹縫間的陽光，迫不及待迎向些什麼。

「你不要亂來，把人家肚子搞大，看你怎麼辦？」

曾淑玲來我們家留宿的那個晚上，媽媽緊張兮兮地挨到我身邊，低聲警告。

「媽，妳不要亂講，我以前健康教育都考很差，什麼都不會，哈。」

「不然關在房間幹嘛？」

「她帶隨身聽過來給我聽嘛！」

「什麼隨身聽啦？」

「就隨身聽嘛！連隨身聽都不知道，還在那邊叫什麼叫！」

這時，曾淑玲探出頭來：「隨身聽怎麼了？」

媽立刻堆出一臉燦笑，轉身和曾淑玲對話：「沒有、沒有，房間不會太熱吧？」好像人家真會當她媳婦一樣。

我和曾淑玲兩人平分一副耳機。為了讓媽知道房內沒發生什麼事，我們話說得很大聲。

「這誰唱的啊？」

「蘇芮唱的！」

「誰？」

「蘇芮啦！」

「哪個芮？」

「就——」她皺起眉來，「瑞芳的瑞啦！你井底之蛙耶，這張去年很紅，都沒聽過？」

「我去年都在工廠咩。」只好裝可憐。

叩、叩、叩。

「吼！」我爆跳起來開了一小縫門，「媽，幹嘛啦！」

「你們在自言自語什麼誰唱的啊？明明就沒有聲音。」

「吼！隨身聽啦！」

§

後來，曾淑玲又給我聽麥可傑克森、肯尼羅吉斯，他們的音樂帶給我前所未有的感動，聽得我眼淚差點飆出來。

「好好聽喔，原來外國人也很會唱歌！」

她最愛聽余光的廣播節目，隨身聽隨時揣在懷裡，深怕漏掉任何一集。我喜歡這樣看著她，看她享受音樂。風吹過她，我閉上眼，音樂也撒到我臉上。

若加上林明亞、蔡振凱共四個人混在一起，又不一樣了，我們最常擠在一塊唱的反而是兒歌：「火車快飛、火車快飛，飛過高山、越過小溪，一天要跑『雞掰』里……」

也因為我在工廠工作存了點錢，大夥結伴出去遊蕩，我多半像個大哥哥，請他們吃東西。他們也會搞笑地跟我撒嬌，換來我白眼。

「欸，你們覺得，我以後去做音樂如何？」有一次，在華江橋下，我問他們。

「什麼是做音樂，音樂要怎麼『做』？」蔡振凱沒頭沒腦地問。

「我也不知道耶……」

「拜託，你唱歌能聽嗎？」林明亞用肩撞我。

曾淑玲吃醋地瞪了他一眼。

「像寫詞啊、寫曲啊……嗳，反正就做音樂嘛！」我抓起一塊石頭，往新店溪丟去。

「寫給誰唱？給我唱嗎？哈哈……飛向你、飛向我……」林明亞跑來哈我癢。

「吼，不要啦……」我和他笑著叫著在草地上打滾。

「林明亞，你不要太超過喔！」曾淑玲在一旁乾瞪眼。

大家玩累了，躺平草地上看著天空。從側邊看著林明亞的臉部輪廓，我看到一種坦蕩蕩的勇敢，他不畏別人的恥笑，勇敢擁抱自己的特質，一點都不打算改變什麼。初識，會覺得這種自信令人難以苟同，久而久之，還真是有點可愛。

§

有了班長頭銜和一群挺我的好友，我慢慢從別人臉上看到自己的改變。慢慢地，也開始出現一些輕拍我肩膀、要我好好加油的長輩。這也是我第一次知道，我有能力去經營一個團隊，例如一個班級。

學校裡的班級團體活動，在我的帶動之下我們拿出不錯的成績。「排演快開始了，快拿你們的彩球啦！」我大聲催促著大家，大夥兒抓起彩球，一窩蜂往操場跑。

流浪的人兒流浪的你，迷失在何方……流浪的人兒流浪的你，重回到我身旁……我們班的人像螞蟻一樣，一人揹著兩種顏色，伴隨著陳淑樺好聽的歌聲開始舞動。但我一點都不覺得自己在流浪，因為，分開的彩球，會緩緩攢聚在一起，從花花綠綠，變成一黃一藍。

不久後又出現了一個小插曲，發生在早自習的時候。有個叫做曾志賢的同學故意大聲講話。我知道這樣會影響秩序比賽分數，而我不希望我的團隊拿出不佳的表現。

我勸他，過不了多久他又故態復萌。我一把青少年的無名怒火升起，順手抓起教室前面放便當的鐵籠子，往他後腦杓一鏘。

一行血從他鬢角流下來……

兩個男同學把他架去保健室。

曾志賢包紮好傷口，回到教室後，整個人服服貼貼，乖順得跟綿羊一樣。

§

有個晚上，媽下班累壞了，早早去睡。

老頭癱靠在籐椅上，一臉凶神惡煞。

就在我出房門小完便時，他叫住了我：「阿豐。」

我停步，不看他：「啥？」

「去幫我買酒。」

我頭一甩，走開。

「幹！叫你去買酒，你是耳聾啊？」

「媽在睡覺，你別吵。」

「去買酒。」

我看著他，這個沒醉的男人，隨便發起一股亂七八糟的火，就可以對任何人頤指氣使。

我是他生的，為什麼我身上，從來就缺這麼一種盛氣凌人的霸氣？

「去買酒聽到沒！」銅板撒了一地，「錢拿去！」

「哇，聲音好響亮，好有錢哪。」我諷刺地說。

「幹！你欠打……」

老頭衝上來，我朝他肩膀使勁一推。他踉蹌倒退幾步。

那一瞬間，世界彷彿顛倒過來。

「欸……你們父子在吵什麼啊……」媽微弱的聲音傳來。

老頭定在原地，被我的力氣嚇到。他從未看著我長大，當然更不會知道，我的力氣也長大了。

我怒視地上的銅板，再看看老頭。

「阿振！」

他改叫弟的名字。

「幹嘛？」

「去買酒。」

阿振走到我和老頭之間，蹲下撿錢。

我惡狠狠瞪了老頭一眼，轉身，房門摔個驚天動地。

§

二年級秋天，製罐工廠趕外銷的貨，工作越來越繁重，我馬不停蹄地忙著，嘴角帶抹笑，腦裡是不斷疊高的薪水。

我要賺錢。

突然間，「阿豐。」領班叫我。

我轉身。

眼前一黑——

醒來，躺在病床上，鼻孔插著管子。這是我第二次在白色空間甦醒，但胸口已沒有五年前那次被老頭揍垮在車裡時的那種悶悶的、酸酸的、刺痛的感覺。這醒，一如睜眼看見校園樹縫間的陽光，迫不及待迎向些什麼。

「阿豐，你胃出血了。」

聽見媽一這樣說，我眼淚卻又嘩啦嘩啦流下來：「我還可以上學嗎？」

媽嘆了口氣：「泰山那邊真不是人待的，你受那麼多苦，也都不講。」

「我還可以繼續念書嗎？媽……」

「你姑丈他們公司是做模具的，我已經跟你老頭講了，他們會去跟你們學校談。」

「我還可以繼續念書嗎？」

媽定定看著我：「你給我好好念完。」

聽完我才放下心，擦擦淚，閉上眼睛。

回到家，我渾身虛弱，看到聚寶盒，好久沒在裡面放東西，但打開，照樣一堆小玩意兒湧出來。那堆沒寄出的信，一封疊著一封，給淑娟姐的，給滋滋的，給阿成的，甚至，還有給外婆的。

呵，都快忘了我以前想對外婆說什麼狠話。

突然，我翻到一封泛黃的信，打開，是好多年前，寫給在西松國小的同學廖祥杰的。讀完，我眼淚掉了下來。

廖祥杰：

後來，你們家搬去永和，也轉學了。很感謝你，那次從酒廠，帶回那麼多酒的故事，要說給我聽，很對不起，我沒耐性把它聽完，希望你不要見怪。至於我，也有很多酒的故事，可以告訴你，可惜你不在，只好以後有機會再說了。

也有可能，下次見到你，我還是不會告訴你我的酒的故事。但我想讓你了解，不論你知不知道發生在我身上的事，你都可以再把你聽到的酒的故事，說給別人聽。

阿豐

§

「怎麼看你最近心情很好？」

冰菓室很涼，林明亞滋滋滋啜了一口冰，然後風情萬種地嗯了一聲。

「沒有啊！我心情不是一直都這樣嗎？」

「欸，這送你。」

我一看，是陳淑樺的卡帶。

「哇！我最愛的陳淑樺，謝謝！」

「看你快病死了，趕快送你一張，這樣人家就會說我是好人了。」

「呵。」

「你聽過沒？」

「沒有。」

「還沒聽過啊？我唱給你聽。」

「不必了不必了不必了——」

林明亞的確是好人。唯一的缺點是，有時他看我跟蔡振凱比較好，就會跑去蔡振凱前面說我壞話。哼，以為我不知道！不過，他送的卡帶我實在愛不釋手，就別跟他計較那些小事好了。

「為了不當你跟曾淑玲的電燈泡，只好把你約出來了。」他一面說，一面把碗裡融化得亂七八糟的冰，揩得一乾二淨。「其實有時候，我覺得曾淑玲才是電燈泡！」

噗——我嘴裡的冰差點噴出來。

§

「阿豐，我好想死——」林明亞在電話裡對我說。

「好了啦！人家要講，就讓他們講，嘴巴長在他們臉上，要吃屎也是他們家的事。」

我站在人來人往的火車站裡，一邊揮著蚊子，邊不耐煩握著滿滿是汗水的話筒。本來只是打給林明亞問一下禮拜天要約哪裡，沒想到他逮住機會，吐了半小時苦水。

「我身上的零錢都被你講光了，你以為在吃金幣巧克力呀？」

「你知道他們還怎樣嗎？他們拿一支活動扳手，從我下面折斷。」

「哈哈哈——哪個下面？」

「就下面嘛！」

「下面硬到可以折斷活動扳手喔？那你不會尖叫求救嗎？哈哈……」

「欸，你怎麼這樣啦！」

「就真的很好笑咩……欸，火車快來了，我要趕快回家，不然我媽又要發飆了。」

§

「哥，電話！」

「誰呀？」

「聲音很像女生。」

「很像女生？」該不會又是……

接起電話，果然又是林明亞。他不給我抱怨的機會，劈頭就說，他正在板橋江子翠附近的華江橋旁，找了個公用電話亭打給我。他心情糟糕透了，很想馬上跳到底下的新店溪裡。

「別鬧了啦。」我對著話筒說，不忘搶走弟手上的遙控器，「我要在家看『綜藝一百』！」

「我說真的，你不過來的話，我就真的要跳河了！」

「你不要亂跳啦！魚被你壓死怎麼辦？」

他的哭聲猛然變大，含糊中，我也分辨不出他在鬼叫什麼。

「你說什麼啦！」

林明亞喀一下掛掉電話。

「幹。」一真要這樣逼我！猛地起身，往來踱步，不想驚動家人，卻撞倒了垃圾桶。

「哥，垃圾桶倒了。」

「給我閉嘴！」

不行，這樣焦慮下去，林明亞沒跳河，我都要把電視砸了。還不太會騎車的我，不管三七二十一，蹬一下跨上媽那台金旺，就往華江橋急馳而去。半路上下起了雨，雨水沖刷我的眼鏡，突然，我又想起Lucky，想起滋滋，或許這段騎程通過了印清所在的位置，也或許沒有。

但我究竟要到哪裡去？路燈照著我，時間已經很晚了，若被臨檢的警察攔下，他們或許會劈頭質詢我：**阿豐，快畢業了，你要到哪裡去？前面沒有路了。**

慢慢，再也分不清雨和淚。

我歪下笨重的金旺，遠遠，就看到林明亞站在華江大橋邊。

「林明亞！」我怒聲吼去。他看到我，踉蹌後退。「白痴喔！你到底在幹嘛？」我上前抓住他臂膀，用力搖。

「我還以為——」

「以為什麼？啊？」

他先是嗚咽，接著大哭：「還以為你不來了！」

「不來？我不來，誰來教訓你啊？啊？」我將他拖回電話亭，離開雨勢的干擾。「我不來，你就真的要跳了嗎？啊？」

「他們都笑我，我爸也看不起我，說白生我了，我不知道該怎麼辦，我真的不知道——

阿豐——」

電話亭玻璃，沾滿了淚珠。

我用力抱緊他：「不就跟你說了嗎？別人雞雞歪歪，關你什麼事？你為什麼一定要這麼傻？你到底知不知道，要是你死了，我們會有多難過？」

「我不知道該怎麼辦，阿豐，我真的不知道該怎麼辦……」

我們渾身濕淋淋的，體膚縫隙滲滿了水，溫度再降，恐要凍成雙人雕像。「怎麼辦……嗚……怎麼辦……」他口裡的怎麼辦，也是我不斷自問的。

我陡然推開他，掀開自己衣服：「你看，這裡、這裡、還有這裡，都是被我老頭打的。他把我吊起來，用螺絲起子燙我，還把我衣服扒光，丟到馬路上，差點被車撞死，我好幾次被他送到天堂半路上又被救回來……你這個渾蛋！如果我都活下來了，你有什麼資格跳河？你跳了，我不就成了冤大頭！上半輩子什麼苦都白受了！」

我盯住他雙眼：「什麼資格？你說啊！」

不給他說話的機會，我繼續罵：「告訴你，我活下來就是為了教訓你這種人！還有，你不要以為我不知道你在蔡振凱後面說我壞話，你說我假惺惺，什麼叫我假惺惺？你才狒狒咧！」

說完，我們都忍不住，笑了出來。「警告你，以後敢再說我壞話，我就把你縫了！」

他不再哭，不再鬧，也沒問我要縫他哪裡。我們齊聲吸著鼻水。說不出的話，往往就是這樣，和著鼻水吞了進去。

歌完，我邁步繼續往未知的方向走。我反覆回想剛剛那旋律，說不定哪一天，我能憑藉旋律，將這首歌找回來。

19 紅色司迪麥

高職三年級，最後一個學期。那個下午，媽氣沖沖撞開我房門：「你最近都在搞什麼鬼!?」

「什麼啦！」我有點生病，懶洋洋地抬起頭，「我要睡覺。」

她上前抓住我領子，幾乎把我提起：「你是不是跟人家在通靈什麼的？」

「我……」啥？這件事，她怎麼會知道？

「青雲宮的婆婆說你在跟鬼打交道！」

「啊？」

她逼我把衣服穿一穿，硬拖著我去青雲宮找神農大帝，燒了幾支香，老婆婆拿了水對我灑灑灑。

病就真的好了。

「老婆婆好靈喔……」回家路上，我差點跟不上媽的腳步。

「不靈也得靈。你弟的命，就是她救的。」媽很生氣，越走越快，想想不對，又補上一句：「下次就沒這麼好運了！你皮繃著點。」

「欸，媽，妳知道嗎？上次玩碟仙，老頭也有過來玩耶！」

「你老頭？」

「對呀！老頭他很想知道他最適合做哪一行。」

「碟仙講什麼？」

「做外貿。」

「鬼扯！」

「真的是鬼在扯啊！我真的不信老頭他有什麼本事去跟人家做正當行業。」

「你也真是的，沒事玩什麼碟仙哪？」

「我……我想知道滋滋的事啊！」

「滋滋……」媽錯愕停步。

我趕緊解釋：「嗯，搬到樹林後，滋滋就沒有來過了，我真的很想知道他到哪裡去了……媽，妳不要生氣啦。」

媽睨了我一眼，嘆口氣：「阿豐，你也快畢業了，可不可以不要每次都這樣讓我擔心哪？」

一個以往含混敷衍的問題，此時，卻讓我口啞了。

當天下午，我在家一股作氣，寫了一篇文章，給它冠個名稱，就是「樂評」。評論的內容是我對黃鶯鶯專輯的一些看法，還有未來她該走什麼路線等等。這篇可不是要塞進聚寶盒內，而是要寄去投稿的。我小心翼翼摺好，邊想著，這回一定要讓媽對我刮目相看！

打開集郵冊，依依不捨地拿出一枚郵票，貼妥，等我走到郵局，才發現：Shit！原來郵局裡面也是可以買郵票的啊！

沒關係，集郵冊裡的郵票跟我比較熟，更能為這篇樂評帶來好運。

我如此相信。

§

「學長，你身手好俐落喔。」

我苦笑，是好是壞呢？

那個冬天，我最後一次撐過當黑手的三個月，每天都無力地想著，一旦結束，將手洗乾淨，會不會很快又要變黑？每到下學期，工廠裡的同事大都混得很熟，不再有哪個菜鳥被欺負的情事發生。老實說，當黑手，比裁切鐵板要輕鬆很多，也安全許多。

往往一片和諧愜意中，就會有人問：「你畢業後要做什麼？」

順著這話，低頭看著除拭不去的指甲黑垢。自問，**我的未來會是什麼？**

一畢業，未來就來了。

又或者，早就來了？

§

「我有話要說。」「別說了，你的成績單呢？」「我有話要說。」「求求你——考上了再說吧！」「喂！你的頭髮怎麼回事啊？」「我有話……」

這支廣告，是中午休息的吃飯時間看到的。當它演到「你的頭髮怎麼回事啊？」畫面出現了菲比凱絲，我還以為自己看錯了呢。

是賣口香糖的，紅色司迪麥。

走進雜貨店，還真的有賣。

靠著電線桿，邊嚼，邊吹風。

邊想著菲比凱絲雜草般的瀏海。

§

實習正式結束，拖著疲憊步子。回到家，收到一封信，寄件者是《民生報》，當時顯赫無比的影劇、生活專門報。

興沖沖撕開，裡面是上次的手寫稿。另外附薄薄一張紙。

微笑慢慢消失。

讀完後，我伸頭看媽在不在，後將它沿著摺痕摺好，放進聚寶盒。

但很快，我又發現，緊糊的信封口有兩顆小小的釘書機釘孔。我立刻望向茶几，那罐漿糊，鬆鬆的，沒有蓋好。

「阿豐啊！」老頭聲音過來了。我看他，他肥了許多，肚子圓滾滾的。「拿點錢來買酒吧。」他慢慢坐下，從容得好像就算我不給，也無所謂。

這幾年我在工廠裡的生涯，已經鍛練出扎實的臂力、腕力，要是老頭敢動粗，我有把握輕易扭斷他脖子。

剎那間，好多畫面，在我和老頭之間，旋飛起來……

有那麼一點不甘，偏又告訴自己非得沉住氣。

我摸摸口袋，放了兩百塊在桌上。

§

「我有話要說。」「別說了，你的成績單呢？」「我有話要說。」「求求你——考上了再說吧！」「喂！你的頭髮怎麼回事啊？」「我有話……」

紅色司迪麥廣告播個不停。

§

晚上吃飯，「我要搬出去住。」我給媽媽短短一句。

「等當兵，住自己家不就好了？」她用力把焢肉切斷。鐵湯匙刮盤子聲音刺耳，弟打了個哆嗦。

「住這裡，要吃什麼？」我反問她。

「吃什麼？」媽將湯匙一摔，「有餓到你嗎？」

老頭默默扒著飯，恍若未聞，他眉頭間糾結著從他當完兵到十多年後我都快當兵的現在，這一段時間內所發生的一切事情。

將視線重新挪回媽的臉上，我一句話慢慢說出：「我在這裡能做什麼？是慢慢退化，還是慢慢曬成人乾？」

「你說那什麼話！翅膀硬了是不是？我做牛做馬，是養到你這樣對我講話的嗎？」

「我說的是實話啊！我住在這是要幹嘛？家裡一把鋸子都沒有，幹嘛住在一個叫做樹林的地方啊？」

「他不住，就隨他去吧。」老頭說話了，筷子卻沒停，盤裡的茄子被他吃掉一大半。

媽瞪著老頭，眼眶泛淚。「現在，你也幫他講話了是不是？」

「不是幫他講話，小鬼大了，總要放他出去闖一闖。」

「闖？闖的禍還不夠多嗎？」

「闖什麼禍啊？我吃過那麼多苦，妳幫得上我嗎？我被打個半死，妳吭了一聲嗎？」我發瘋似的大喊。

媽氣到發抖：「不住這是不是？你給我出去！出去！」她筷子丟過來，我迅身閃躲，一個弓箭步就離開了廚房。

不論離開廚房，離開家，都是容易的事。到哪裡停下來，才困難。

§

五光十色西門町，我挑了個昏暗的騎樓，撥電話給曾淑玲。

「過來！」一聲令下。

「很晚了，你現在叫我怎麼過去啦！」

「過來就對了啦！」我理所當然的態度，彷彿她欠我似的。

我就這樣站在服飾店外，任由西洋歌曲輪流通過我耳朵。每當音樂進出我身體，我就是容易恍神、飄忽，以致等到曾淑玲來了，我的恍神和飄忽也把她惹毛了。

「阿豐，你到底有沒有在聽我講話啊！我大老遠跑來這裡，不是來看你發呆的。」她怒氣沖天，但這首歌真的好好聽，輕快、悠揚，像一種我最嚮往的生命節奏，偏偏我又拉不下臉來問她這是什麼歌。

「欸，你到底在幹嘛啦！」她逼問著。

「沒有在幹嘛啦！妳不要吵啦！」

「我吵？有沒有搞錯？你大老遠叫我趕過來，還嫌我吵？」

我頭仰高，朝向音樂緩緩流瀉的方向，那也是個有光的位置。微微的光。

我甚至忘了，幾分鐘後曾淑玲氣沖沖離開時，那句要跟我分手，究竟是說了，還是沒說。

歌完，我邁步繼續往未知的方向走。我反覆回想剛剛那旋律，說不定哪一天，我能憑藉旋律，將這首歌找回來。可惜，走個幾圈，那旋律越來越淡、越來越淡……淡得有如紅色司迪麥，再也無話可說。

20 世界的天氣

這房子有多久歷史？多少前人的汗漬未曾散去？一代又一代的邊緣人來到這裡。學習如何享受大城市最髒亂落魄的一個角落。

報紙一份要五塊錢，每天買一份，又怕求職欄沒新工作。到處都去試。試到一些奇奇怪怪的，例如人家叫我賣保險，電話撥撥撥。

「舅舅喔，你有沒有買保險啊？」

「姑姑，妳知道現在工廠火災的話，損失很慘重耶！」

「表姨，上次妳老公出車禍——」

無所不打，惱得親戚朋友直接掛我電話。

賴在台北朋友家，媽打電話來告誡我，我這種推銷電話再打下去，親友要寄冥紙到我家抗議了……牢騷發完，她順便問：「錢夠用嗎？」

「媽，妳不用擔心啦！是我自己要搬出來的，沒錢用，我自己會想辦法。」

「你唷！」

「對了，媽——」

「怎麼？」

「妳有考慮要買保險嗎？」

喀擦。

我無奈也掛上電話，看到朋友雙手叉胸盯著我看：「你這樣一直佔用我家電話也不是辦法。」

發海報、三溫暖，工作跟住處一樣善變，一個換過一個。有時候，搬完家立刻去上班的地方報到，做不順，回家又付不出押金，一籌莫展。

住處跟工作在比賽誰跑得快。

起點是我。

§

「喂，我叔叔的房子是空的，我們一起去住。」一個租不起房子的朋友阿傑告訴我。

「好啊、好啊！」

行李收一收，我和阿傑一起搬到台北市立殯儀館正對面樓上。光是把行李拖到樓上，就感到一股腳踝被緊緊抓住、舉步維艱的感覺。一骨碌剛剛撲倒在地鋪上休息，卻怎麼都爬不起來。真的，好不容易撐起身子，就是會跌倒。

早就聽說這個空房子原來是鬼屋。只是，再怎麼怕，也得硬著頭皮住下去。沒錢啊。

裡頭沒電，只好每天點蠟燭，而且說好一天只能點一根。有時累到半夜回家，看到地上一堆融化的蠟，襯著阿傑如雷的打呼聲，一天額度的火光就這樣被他擅自用掉，只好認命地躺到地上。不一會兒，聽到玻璃微微裂開的聲音，想順從疲憊，讓眼皮繼續緊閉，耳中卻又一直傳來砰砰砰，一股力量慢慢逼近似的。

我拿出一捲卡帶，揣在胸前，求神保佑吧。隔天睡醒，卡帶不見了。在睡眼惺忪之間，我無比困惑。

§

後來，我去跟戲。中視武俠連續劇「武林外史」導演田鵬，是我老頭的朋友。

「你們幾個臨演怎麼走的啊？髮夾還露出來，穿越時空是不是？」

整天抱著場記板，戰戰兢兢，一堆人扮成古代人，穿梭在空地上少得可憐的幾株樹木旁，大概只有攝影機看得懂在演啥。板沒打好，還要提心吊膽被抓包。

現場人手一菸，我才開了眼界，原來拍戲的人那麼嗜菸。看來，這樣的話連乾冰都可以省了。

「我好累，不知道整天在忙什麼。」有天回家後，我直視天花板對阿傑說。

「你不是快當兵了嗎？」他答得愛莫能助。

「如果當兵前，我幹不出什麼名堂，以後在我媽面前就抬不起頭了。」

他久久未答，黑暗中，天花板彷彿也瞪著我們。

「很重要嗎？」一分鐘後，他終於說。久得我也辨別不出這話傷不傷人了。

「噓……」他突然爬起來。

「怎麼了？」

「你沒聽到嗎？」

「真的假的，不要嚇我……」

他點起一根蠟燭，我緊挨著他。

黑暗中，好像真有個聲音，鏗、鏗、鏗、鏗……

當晚發生的事，後來跟朋友說，沒一個相信。隔天我連滾帶爬將行李收一收，來到八德路的新住處。

這裡不鬧鬼，但住著一種叫做牛鬼蛇神的人。空間只有三坪大小，一個月三千塊，三名室友亂七八糟，一開始還真不是普通的不順眼。兩個人睡床墊，兩個人睡地鋪，空氣根本不夠用。開卡車的流氓阿慶，每天回家按時朝地面吐痰，吐得四處都是地雷，跟他住一塊，每天都在期待他踩到自己痰，跌個四腳朝天。柏瑞是混血兒，長得英挺、俊帥，卻滿口幹恁娘臭雞掰。流氓阿慶跟我說：「他是賽珍珠基金會的，就是以前美軍和台灣女人生完就丟的雜種！」本以為這是那種說出來會被一拳倒地的秘密，沒想到，有一天柏瑞抽菸時對我脫口而出：「看什麼？沒看過雜種？」另一個，是南部來的，叫銓仔，白天到處遛躂，問他幹什麼事業，他說打零工，順口對我喊窮。我衣袋每少十張鈔票，起碼有九張要從他作賊心虛的臉上一竄去向。

可想而知，這一窩牛鬼蛇神的衣服、家當永遠散落一地，有時不慎將它們當床睡，背上還被麻將烙出一個類似屠宰豬肉的標記。乍看跟這三個痞子住在一起一定沒什麼好下場，偏偏他們夠爛，四人加起來可一起抵抗房東催租，有時房東敲到門快破，我們氣定神閒繼續搓麻將。

「自摸！」

當然，我們也並非無藥可救。屋內惡臭難聞的氣味，偶爾激出一些抱怨。

「柏瑞，你胳肢窩可不可以洗一洗？」

「明明就是阿慶胯下的味道！」

往往，怎麼都吵不出一個所以然。

有回打赤膊，背部刺癢，伸手去抓，「啵」一聲，把手掌抓回眼前一看，史前巨蟑死在我手心。

這裡髒到人神共憤，哪天天降一隻利齒怪獸把這公寓一口摧毀，都不應該覺得奇怪。大夥兒混在一塊喝酒，地板沾著一大片逐日加厚、說不出名字的髒汙，酒友越來越多，擠到令人想開窗跳出去。有些酒友根本不記得名字，有些從沒見過，喝醉了就疊在一塊呼呼大睡。

太陽出來，我踩過他們，去收衣服。

這房子有多久歷史？多少前人的汗漬未曾散去？一代又一代的邊緣人來到這裡。學習如何享受大城市最髒亂落魄的一個角落。

他們之中，最常跟我互動的是銓仔。除了常偷我錢，他更常出其不意，用手撥亂我頭髮或拉綴我衣袖，用這種動作建立一種諧謔的友誼模式。這點我並不介意——倒跟寬宏大量無關，我早就忍無可忍，開門見山問他幹嘛非要動手。他心虛坦承自己過度好動是來自缺乏安全感（或說缺乏安全感以致故意表現好動），一些無傷大雅的嘻笑怒罵是他拓展交際圈的「法寶」。既然原因搞清楚了，我也就聳聳肩，樂於當他的肉身道具，反正不要捶出瘀青，要我配合演出都還OK。

沒多久，銓仔宣告失戀，趴上我肩膀又哭又流涕的，換我拍拍他，話哽在喉頭。我不是那種很會安慰人的人。「像阿慶那種流氓就不會失戀。」我心想，這些人跟曾淑玲、林明亞不同，我和他們之間「室友」的比重要大過「朋友」，這是無可改變的事實。我們這種混吃等死的人，朋友本不多，也懶得交。唯獨銓仔喜歡搞笑耍寶大聲喧嘩引人注意，儘管多數時候沒被當人一回事，但我明白且感嘆他的努力和隨之而來的洩氣。與他不同的是，我連洩氣也不願試上一回。

所以當銓仔依賴我，我樂得出借肩膀。

§

每天工作，步入城市車陣中，隨著車聲越來越繁密，我就越希望，自己日後可以參與這個城市的節奏，當一個獨立而忙碌的人。是啊，忙碌，多麼奢侈的一個字眼，輕易找到屬於自己的事情來忙，不必再屈從誰的差使。我厭倦了做不好還要被罵得灰頭土臉的生活。

工作還是不順。這幾天，天空的雲霞也越來越紅了，呼應著我心情的變壞。我窮到渾身上下只剩一塊錢，逼不得已，跑到騎樓撥給大安高工時代的死黨蔡振凱。

「阿凱，我沒錢了……」

掛完電話，地表緩緩下沉，我兩手緊抓話筒，唯恐埋陷進去……嘴裡啃的是流氓室友阿慶已經放兩個禮拜的防腐土司，又乾又硬。

邊瞄錶，邊憂心蔡振凱會不會來。

在他抵達以前，或許我根本不該那麼快將土司吃完。

蔡振凱來了，懷裡是一隻綠色的小豬撲滿，我沉重地吸口氣，遞給他一把刀，他當著我的面，將豬剖開，我眼淚就流下來了。

「謝謝你……」

「以前我被欺負，都是你幫我。現在，我給你一點錢，也是應該的，反正，再賺就有了。」

他考上二專會計科，說以後要坐辦公室、吹冷氣，決不做揮汗的工作。

我不覺將頭低下來。

看著豬仔被剖開的屍體，那種求助於人的羞愧，越來越難捱。

「那個死銓仔，不知偷了我多少錢！辛苦賺的，全被他摸走！」我忿忿難平。

「你怎麼老是不把自己的錢看好？以前在機具工廠，不是也被偷錢？」

「對呀、對呀！那個小建學長，好的不學！我怎麼老遇到這種敗類！」

「聽說，他後來去要飯了。」

「啊？」

「他手不是斷了嗎？」

「對啊。」我始終牢記錢被偷的事，所以小建學長在我腦裡的畫面，雙手總好好的，在他腕上。

「聽說後來很落魄，他家很窮，沒了手，他爸也不想養他了，就放他去華中大橋下要飯。」

「是喔……」

我大受打擊，當天晚上，翻來覆去怎麼就是睡不著，枕頭汗濕了一大片。算了，不睡了。

「銓仔，醒醒！」我將銓仔搖醒，「起來一下。」

「啊？」銓仔在熟睡中突然被叫醒，雖然還是睡眼惺忪，臉上卻有一股懼色，可能是怕被揍或怕被掐死。

「這給你。」

「這什麼？」

「錢，給你用的。」

「阿豐，你這是幹嘛？」

「你一個人來台北，日子不好過，省點用，我自己也不多。」

§

那個颱風天，天空轟隆轟隆，彷彿電影「星際大戰」演到這邊來了。一九八六年的台灣，也差不多是這樣，顛盪不安而平凡無奇，人們微笑仰視彩帶般飛舞的大風大雨。

返家的我，其實不必走天橋的。為了穿越颱風，走近、看清楚世界現在的天氣。我緊握傘，拚死拚活往中華路的天橋爬去，彷彿是在攀登古老傳說中的天梯。直到傘也被吹走，耳邊風雨聲拉尖，不知哪來的勇氣，我依舊固執地往前行進，邊抵禦狂風的吹襲，邊意氣風發想著，乘風破浪，也不過如此……

砰！

一片黑。

好像一顆巨大隕石飛過來，還是什麼，我不記得了。

只知道臉上一陣巨痛。

天哪……

我看不到，視覺被一股巨痛瞬間剝奪，玻璃碎片掛在臉上，我雙手朝前方胡亂揮著——

光在哪裡？我什麼都看不到——

雨打下來，臉痛得彷彿逐吋撕開。

嘶——

踉蹌往前衝著，撞著，雖慌，雙手卻俐落地扶住任何摸得到的東西，不讓自己倒下，不管撞到什麼，都是好事，都代表我還活著。我穩穩衝向百貨公司的方向，推開門，豎起耳朵，確認週遭有人。從他們的驚叫，我知道，我嚇到他們了。

這才放心彎曲膝蓋……

忍著劇痛。

得救般地躺下來。

不知過了多久，依舊在黑暗中，我聽到醫生說，只差零點幾公分，就要砸到眼球了。

「這不能打麻藥。」

不能打？這是什麼意思？幾個人將我手腳壓住，我有預感，什麼事正要發生。那感覺，就像關在黑鴉鴉的房裡，不知道老頭什麼時候會衝進來。

「啊！」我狂叫。可怕的劇痛，從我右眼上端撕裂開來。我撲動四肢，奮力掙扎著。

「不要打我！爸，不要打我……」

彷彿重回小時候，醫生是戴著口罩的老頭，握著手術刀，慢慢逼近。

第二針刺下去時，那痛，彷彿脊椎裡的骨髓，被針給硬生生抽走。

「醫生，不要打我！我什麼都聽你的，不要再打我了！」我滿口語無倫次，用力扭著頭。

沒用的，我知道沒用的。還會有第三針、第四針、第五針……世界在一場不可思議的酷刑裡旋轉著。旋轉著……

21 旋轉木馬

快速流遞的時光，像旋轉木馬，除非我一躍而上，否則它不會停下來等我。唯有一躍而上，時光才能轉為時機，否則都是浪費。

雙眼緊捆紗布，聽見媽平淡地說：「你眼睛腫得跟貢丸一樣。」不用她說，我也感覺得出來。不過從她的聲音裡我知道自己沒瞎，只是倒楣了點。

從醫院到家裡，看不到路，一片黑，也一併稀釋了那抹未能凱旋榮歸的挫敗感。

一進家門，聽到音樂，我問：「收音機哪時買的？」

「很早就買了。」

我趨近聲源，朝那觸感光滑的機器聞了聞，塑膠味很重，外面的塑膠薄膜都還沒撕，應該是新的。想到媽環視電器行琳瑯滿目的商品，只為買台收音機，一副如臨大敵的樣子，我不禁失笑。

「笑什麼？」

「沒有。」我趕緊摸到椅子坐下，幸好家中的擺設沒動。

「紗布一拆，就別回去了吧。」

「東西都在那邊。」我簡單下了結論。

「你為什麼要這麼固執咧？」

「不固執，要怎麼賺大錢呢？」

說完，我摸著桌子，站起來。

「站住！」媽吼，「你要去哪裡？」

我聳聳肩，不回答，反正不知道媽確切位置，什麼都不必躲。也躲不了。

「當這個家隨便給你來來去去的啊？閉著眼睛進來，閉著眼睛出去，講話還屌個二五八萬是怎樣？出去打零工，賺那幾個臭錢了不起呀？會比我辛苦把你養大還了不起嗎？如果我找個人嫁了，你和阿振就要去馬路上討飯了，知不知道!?」

黑暗中，我感覺紗布濕了一大片。

「不知死活！嫌這裡丟你的臉是不是？」

「媽，我沒這樣講。」我哽咽。

「你應該這樣講的。把所有實話都講出來，好讓我們知道，你有多想跟自己家劃清關係。」

她聲音越來越遠，也開始沙啞哽咽。

我傾身上前，摸到收音機，將它開大，蓋過一切。

手指憑直覺，調弄著廣播頻道。

豎起耳朵，聽歌。

看不見的我，一切都要從頭學起。

皺皺鼻子，屋內各式氣味突然清晰起來。除了廚房飄來滷香，客廳內，花露水香氣歡迎式的瀰漫，幾種氣味在伸手不見五指的黑暗中竊竊私語著。

有聲音。

「阿振，是你嗎？」

「我啦！」老頭說。

「喔。」奇怪，沒有酒味。

豎起耳朵，聽到疑似玻璃瓶碰撞的清脆聲。

我不安心地整頓了一下坐姿，憂心老頭走近的恐懼感，又來到了我眼前。

萬一他給我右眼一拳，那就一切都結束了……

「知道罪受了吧？在外面混，都是這樣。」

我不知道這話由他說出口有何意義，但我只是默默杵著，等待晚餐的來臨，以便結束這場對話。

「要發財，就要做生意。呵，我怎麼倒下來，都能重新再起。像我現在，在碧湖經營船隻租借，不過就一個台北，人家坐著坐著也高興。做生意啊，腦筋要動得快！」

我低頭，默默不語。

「過些日子，我會和朋友一起開家雜誌社，看你要不要去見見世面？」

我面對收音機，不想回應。

看不到，是種幸運。

「不想也沒關係，反正要死要活，隨你自己挑。早跟你說過，念書沒什麼用，現在你沒念書，也照樣沒用。還真被我說中了，有些人哪，注定一輩子撿牛屎。」

咬牙隱忍。現在我眼睛看不到，開戰對我不利，我不想賭上自己的命。

老頭停了一下又說：「不要看我現在落魄的，很多政商名人都是我朋友，要起來，也可以很快。」

「吃飯了！」

稍晚我坐回房間，摸到聚寶盒，將它打開，把裡面一樣又一樣的寶貝，抓出來摸過一遍。黑暗中，不斷湧現那招牌在風雨中朝我砸過來的畫面。假如我因此失明，這就是世界給我的最後的印記了。好在，眼睛包著紗布，此刻稱不上全然的黑，而是透了些許紅光，一條長長的、準備好的路，等我眼睛一睜，隨時可以踏上去。

不放心我，沒多久，媽就推門進來。「你老頭叫你去雜誌社，多少考慮一下。」

我停了一下才回答她。

「說這個是幹什麼？」

「沒幹什麼。」

「妳能原諒的人還真多。」

刺了媽一句。話一出口，立即後悔了。

但也不能怎樣，看不到媽，也無從道歉。

「你老頭他過兩天就要搬走了，他交了一個女人，要搬去她那邊住。」

「呵，在碧湖……」

「他跟你說了？」

「他最好去跳湖。」

「反正你以後不用看到他了。」

「我現在就看不到了。」這句話真讓我自己哭笑不得。

「唉。」我聽到媽輕輕嘆了口氣。

喀，我將聚寶盒用力關上，算是給她一個回應。

§

家裡待得太久，回音都快出現了。

一拆線，重見光明，我還是收一收，迫不及待溜回八德路。東西都沒放好，沒想到就看到媽後腳跟來了，還將牛鬼蛇神教訓了一頓。

「你們哪！東西收拾乾淨，屋內記得按時打掃，每個人輪流一次，時間我來排！」

「原來你媽這麼兇啊？」媽走後，柏瑞說。

「這不算兇，你沒見過她更兇的樣子。」

「欸，這給你。」銓仔朝我手裡塞了幾張鈔票。

「這是幹什麼？」

「你以前幫過我，我剛領錢，拿去買一些紅蘿蔔，補眼睛，哈！」

§

去了老頭引薦的《自由談》雜誌社工作。同事五、六個，一個不大而嘈雜的空間，充分呼應這個雜誌的「小報」特性。「這裡呀，具體而微！」社長說得跟真的一樣。

「阿豐，過來我辦公室。」

我怯怯站到社長桌前。

「派個任務給你。」

「是，社長。」

「去做一篇陳淑樺的報導。」

「陳——陳淑樺？」

「是呀？不然還有誰？」他點起菸。

「那……我是要打給她嗎？」

「你有她的電話就打啊！」

那如果我沒有她的電話呢？我傻在原地。

看著社長吞雲吐霧，我第一個想法是去找出潘越雲「舊愛新歡」專輯的卡帶盒。

雖然陳淑樺是我的偶像，但一想到要採訪她，我雙手直冒汗。照著電話號碼撥給滾石唱片公司，接聽的是個女的，她一聽到我報上連聽都沒聽過的《自由談》雜誌大名，就把電話轉給另一線分機，再一線，轉著轉著，最後只剩嘟嘟嘟。

唉，該怎麼辦呢？

§

我拉緊衣領，寒風吹近一九八六年底，牛鬼蛇神室友問我要去哪裡跨年。我搖搖頭，將筆記本塞入包包，就出門了。

當時還沒拆掉的「中華體育館」就在南京東路——這條充塞我人生記憶的大馬路，所有重要的事，都發生在這裡。

重返這裡，卻不想回到過去。

體育館外，擠滿了等待跨年的人潮，這是慶祝圓山動物園遷移，由滾石唱片舉辦的「快樂天堂」跨年演唱會。我發冷的身子鑽過人縫，擠入演唱會後台，好多位忙碌的工作人員走走停停，我扭扭僵直的脖子，試圖甩脫心虛的表情。「沒什麼好心虛的。」我對自己說。

一張熟悉的臉孔從我眼前晃過，我很快就認出那是滾石歌手黃韻玲。心跳怦怦，我順從直覺，跟著她前進的方向走去。

來來去去的身影，那種扎扎實實的忙碌，讓我感覺到，他們的做的事，遠比我要來得有價值。

就因為如此，我更要衝鋒陷陣，加緊完成我的任務……快速流遞的時光，像旋轉木馬，除非我一躍而上，否則它不會停下來等我。唯有一躍而上，時光才能轉為時機，否則都是浪費。

就在這時，我就看到了陳淑樺，她安安靜靜，挨在角落一個可以坐的地方。有那麼一剎間，我以為自己眼花，看錯了什麼——工作人員來來往往，他們怎能對陳淑樺這位大明星視若無睹？怎能讓她一個人坐在一個角落？

旋轉木馬，轉啊轉……

我深吸口氣，朝她走去。

「淑樺姐。」

「ㄟ，你好。」

我在她身旁坐一下，她的香味，離我這麼近。

「我……我是《自由談》的記者。」

「哦，自由談。」

「淑樺姐，我很喜歡妳的新專輯，可以採訪妳嗎？」

「哈，你不是已經在採訪了嗎？」淑樺姐的笑容，讓我放鬆不少。

她本人跟電視裡雖稱不上落差有多大，但現在親眼見到偶像的那種虛幻、超現實感覺，真的好難相信。正如我很難相信〈水車姑娘〉、〈浪跡天涯〉兩首這麼不一樣的歌，都出自於她一樣。

我問了好多問題，淑樺姐都很有耐性的一一回答。等她答完，我又很窘的發現自己問的都是歌迷會才問的普通問題。但她總報以微笑，善解人意的將尷尬解除。最後，我鼓起勇氣問她：「淑樺姐，可以跟妳留電話嗎？」

「好啊！」

走出體育館時，我帶著滿滿微笑，心中是滿滿的期待，迫不急待等會兒回家，打開筆記本的那一刻。

往後，每回打開筆記本，淑樺姐的字跡，都是一個大禮物。

店家都關了。

找台販賣機投了罐伯朗咖啡。

邊喝邊發著抖，潘越雲歌聲流入耳畔。

謝謝你曾經愛過我

你的付出　我曾不明瞭
謝謝你曾經愛過我
現在我什麼也不想說
謝謝你曾經愛過我
如果現在你遇見落寞的我
請給我一個擁抱　不要拒絕我

22 攀越一朵雲

多少人進入我生命，輪流與我擦身而過，而我，一轉身，隨即直率灑脫地遠走高飛。

淑樺姐的專訪刊出當天，滾石打電話來《自由談》，不是我接的，根據同事小高轉述，滾石說我破壞了行規。

「怎麼說？」

「你沒透過經紀公司就直接敲藝人拍封面，他們對你很有意見。」

「那怎麼辦？」

「沒關係，他們對你的好奇心已經蓋過對你的不滿。」

「啊？」

§

躺在床上，我反覆端詳自己寫的報導，日光燈穿透淑樺姐的照片。那份感動，就像小時候舉高電影新片小海報，看著陽光點亮林青霞的臉。

信心無比巨大。

沒多久，我就辭去《自由談》工作，應徵進了更有發展的雜誌社《鑽石雜誌》。老闆姓賴，我們叫他賴老闆，我的主管則是康大姐，她負責管我。康大姐是個相當福態的人，她坐在桌辦公桌旁，相對凸顯出辦公桌窄得有多滑稽——我是說，坐久了，就算桌子沒被她壓垮，起碼她會想換張舒適大桌吧！

因為她的福態，我習慣叫她康大姐，而不是康姐。

她不太管我的工作細節，但有時候，短短幾句話，又對我啟示無窮，常要回家要想很久很久，好像悟出那麼一點道理，隨即卻被牛鬼蛇神室友給沒頭沒腦打斷。

面對《鑽石雜誌》緊鑼密鼓的工作，我驅策自己：不能墮落下去了，一定要早睡早起。假如上班不專注，套句媽的話：「皮就繃緊一點。」康大姐下什麼命令，我總乖乖點頭。一年來穿梭那麼多工作，多少也了解，自己這一張無辜表情的臉，其實是有用途的。

「欸，你幾歲？」

「十八歲。」

「呵，這樣我嚼不下去。」

說這句話的人是《鑽石雜誌》裡面的一位大姐，我叫她婉欣姐，那個婉字，總讓我本能和她上禮拜高高挽在兩耳邊的髮包產生怪異的聯想。

當天她出門採訪，很可能受到了一些言語的「提點」，就從此打消學習「星際大戰」裡面莉亞公主造型的念頭了。

即便如此，她仍不放棄成為其他公主，一如她說的：「身為女人哪，就是要靠美色來得到機會，口紅、粉餅、睫毛膏都是投資——」只講到臉，好像自己沒穿衣服，「像我們天蠍座，是最優秀的星座，天生就是要打仗，企圖心夠，到處都是戰場！」

說著，她扭開收音機。

是李宗盛、潘越雲的歌。

她跟著唱：這些無謂的憂傷，為什麼不試著遺忘，你的心，曾是最溫柔的地方，怎麼忍不住悲傷……

唱著眼神瞟向我，該不會要我接唱李宗盛的部分吧？

喔，說來荒唐，說什麼地久天長……

這麼單純真誠的情歌被這妖女一唱，還真是說來荒唐。

果然，某天晚上，我做了夢，「星際大戰」莉亞公主朝我走來，臉上掛著詭異的笑。我雖未驚醒，但隔天上班，渾身被坦克壓過似的痠痛。

§

採訪名人，也不是一開始就順利，像訪問導演楊德昌的時候，我不過問到一句「新電影」那條分水嶺，他就拍桌咆哮：「你們這些年輕人，不要搞分化！不知天高地厚，亂七八糟的……」

撞得滿頭包，進進出出進辦公室，我甚至辨識不出，康大姐給的眼神，到底稱不稱得上讚許。還來不及回想自己漏掉了什麼，就趕著交稿，大拇指又痠又痛，還要跟歌手敲通告拍封面。

「聽說你幹得不錯？」婉欣姐靠到我桌邊。

「誰跟妳說的？」

「你康主管啊！還有誰？」

「她真的這樣說？」

「你看起來不像幹得不錯嗎？」她反問。

我低頭，想了一下這句話的雙重否定語句，到底是什麼意思。

「爽什麼啊？」她朝我腦袋一推，而且是一根手指。

剎那間，我忍不住要想，她用同一個手部姿勢，做過些什麼？

「我跟老闆睡過。」

我從椅子上跳起來。

「緊張什麼？我又不是跟你睡！」

「可是……他——他——」我瞟向賴老闆辦公室。

「結婚了？」

我猛點頭。

「結婚不就代表我有實力嗎？」

我愣過去，等到思索出這句話的涵義，婉欣姐已不在原處。

往後幾天，我看到賴老闆，總要用力皺眼甩頭，將腦裡他和婉欣姐裸裎交纏的畫面抹去。這種尷尬不適的症狀，在我與婉欣姐混熟並開始直稱她妖女後，稍稍獲得改善。

§

天不怕地不怕，我喜歡上這種到處闖蕩的感覺。

「哇！小夥子，你幾歲啊？當兵了沒？」剛出第一張專輯的庾澄慶虧我。他看起來就像個大哥哥，講話語氣卻比我多了點童心，一點都不像專輯名稱：「傷心歌手」。

有時，我想偽裝出一點自己缺少的特質，有時，又隱約直覺，不修飾的自己，才能讓別人找出喜歡我的原因。

以前的我是什麼模樣呢？

打電話回家，告訴媽，我很好。

「很好就好。」媽答得簡短，「什麼時候回家？」

「這……」

忙到沒時間回家，但我很高興自己漸漸適應生活的改變，我越來越懂得享受貫穿胸口的音樂。它充盈我心間，像一種殊異的能量，不再是摸索、好奇，每當一首新歌闖入耳畔，我總能迅速和它結為朋友，與它對談。

我們使彼此微笑。

多幾次採訪，也認識了好多新朋友，《溜溜畫刊》的阿漢是與我最投緣的一位。第一次認識他的時候，他嘴唇因為天寒而凍得紅通通的，像糖葫蘆一樣。

「你被誰親啦？」我脫口而出。

他沒料到我第一聲問候，就丟出這種俏皮話，彷彿彼此有著些共通的生命經驗，是值得一見如故的。我們的關係，就像他打發時間用的魔術方塊遊戲機，填滿一列，就得十分。魔術方塊有各種排列組合，就像叫人應接不暇、不斷出現的新專輯、新曲調、新唱腔：蘇芮、李宗盛、黃鶯鶯……是這些了不起的音樂人，積累出我和阿漢並肩作戰的情誼。

賴老闆和婉欣姐也沒閒著。

當我聽婉欣姐嚷嚷著要去採訪名人黃任中，她心底的台詞極可能是：「賴老闆，有沒有聽到？你等著被甩吧！」那是小女人的聲音，婉欣姐一直知道自己的尾聲是什麼，也憂懼於朝那尾聲靠進。

我也幫不了她。每天朝九晚五，甚至更晚，做的工作雖然差不多，但我深深感覺到，我和婉欣姐前往的方向，全然不同。特別是她老推著我去做些不舒服的事。

「你今天採訪林慧萍有沒有問到什麼？」

「有啊，新專輯的感想！」

「我要出專輯的感想幹嘛？她跟那個誰誰誰的關係發展到哪裡了？挖多一點出來嘛！」

這是婉欣姐的人生真理：「你就是要挖腥羶色。解嚴了，正是切入這一塊的好時機，現在人不一樣了，八卦才餵得起他們！」她嘴臉也跟這話差不多模樣。

報紙從原本的三大張，換成五大張，以後可能還會更多。變厚了，我卻不自禁拉緊衣領。

§

兵單來了。

我擠出勇敢的微笑，低頭收拾辦公桌，心中卻是滿滿的、壯志未酬的不甘。

婉欣姐跑來，用肩撞我一下：「欸！要去轉大人了？」

「我不在，妳不要變得太妖啊！到時候我回來，看到一隻女鬼，可是會嚇到尖叫的。」

「說不定哪！你一回來，我早就把自己嫁了！我媽會告訴你，穀倉裡那個臉色最黃的黃臉婆，就是吳婉欣！」

話一完，彷彿有一幅不請自來的畫面，來到了我倆之間。

有默契地，我們都噤了聲。

「你媽還好吧？」她突然問。

「她……好啊。」我被問到口啞。

「喔。」她頭偏了過去，欲言又止。

我將紙箱封好，不經意看到她眼角掛了點淚。那淚，彷彿預見自己的未來。

我失措地轉開眼，婉欣姐轉身而去，音樂傳來潘越雲那句：謝謝你曾經愛過我。格外尖銳，也格外辛酸。若日後當兵回來再遇到她，而她還是沒變的話，那麼我一定會告訴她，若攀越山嶺太難，那就攀越一朵雲吧。

§

在《鑽石雜誌》上班的最後一天，快下班了，我跟康大姐約在樓下的店喝飲料。她點沙士，我點七喜。我們說的話，也跟氣泡一樣，快來快去。

「當完兵，再來找我，我們去外面創業。」

聽到創業兩個字，我眼睛一亮，但亮在心裡。

「好。」

我簡短回答，然後就去理了光頭。

頭髮沒了，心情也淡定許多。

§

前往新兵訓練中心前一天，媽說她要去找外婆。

「我跟妳去！」

聽我這麼說，媽頗為意外，「要來就來吧。」是不是兒子真的懂事了，她也沒把握。

我們在舅舅的自助餐店外，看見外婆蹲在水龍頭旁洗菜。抬頭看到我來，她笑了一下：「理光頭了？」

我堆起的笑有些僵硬，但起碼盡力了。

她看出我不再是以前她口中那個沒用的阿豐了。

媽蹲下去陪她洗菜，找話潤滑我和外婆之間的空氣：「你外婆啊！現在整天很清閒，客人來這裡，都找她聊天。」

外公不在已久，外婆氣焰的確收斂不少。我拉了張椅子坐，即將進入中午自助餐店的營業高峰時間，等會兒大家忙起來，媽和外婆就沒得聊了。

「阿母，妳痛風有沒有比較好？」

「我這把年紀，怎麼還會好？好不起來了啦……哈哈。」外婆笑得像那些病痛是她久違的好朋友。

暴怒了大半輩子，看得出，她沒什麼交心的朋友。直到外公為了新朋友離她而去，外婆終究就範地蹲下來，折彎膝蓋的痛風，嘩啦嘩啦洗著菜。

「妳家阿源咧？」

「早搬出去了。」

「搬出去了？我還以為你們以後都會住在一起。」

「啐，讓他住，是念在他是孩子的爸，所以收留他。妳不知道，他住來樹林這幾年，花掉我多少錢！」

「是喔。」

「他認識了一個外面的女人，早點死出去也好。」

「唉，咱們母女，命怎麼那麼像。」

媽搖搖頭，將菜瀝乾。

「阿母，之前買樹林的房子，跟妳借的錢，到現在還沒還完，真是對不起。現在阿源走了，我也開始存錢了，存夠錢，一定還妳。」

「唉，都是一家人，不用計較那麼多啦。」外婆說完提起鐵桶，往內走去。

一直不知道，原來當初媽買下樹林的房子，那個兇巴巴的外婆竟然也出了錢。我想，到時當完兵回來，讓我意外的事，還會更多。

回家後，我打開聚寶盒，撕掉了以前寫給外婆的那封信。

次日上午早晨太陽一出，媽堅持要陪我到月台，彼此心底都不捨，但嘴巴不說，一切都留待以後的電話對話當中再說吧。

她叮嚀東叮嚀西，我笑得滿不在乎，誰知道入伍會發生什麼事。

「媽，我很強壯，死不了的。」

「呸呸呸，你喔……」

行進的火車，彷彿又帶我回到以前愛逃學的時光，流逝的歲月，摻入窗外的高速輪換的景色，變得虛幻起來。多年前當我老頭痛打我，又把我朝南京東路的車流裡摔的時候，那位緊急剎車的駕駛，就像是在我的人生當中拉了我一把，讓我免於死亡。可是，那件事發生的當下，我只能站起來狼狽離去，一句謝謝都沒說。

多少人進入我生命，輪流與我擦身而過，而我，一轉身，隨即直率瀟脫地遠走高飛，留予他人視網膜裡的最後一雙眼神，始終感謝成分不多。我流下淚，為何我再努力，還是只能成為一個和印清恰恰相反的人……

§

歷代當過兵的役男都曾口耳相傳，宜蘭金六結新兵訓練中心是一個多麼操的地方。我抵達營區之後，果然印證了傳說，生活比外面辛苦許多。

第一天不能洗澡，渾身難受。接下來沒日沒夜的操練，宛若回到高一工廠煉獄般的光景。直到有一天，在操練之後我抽搐昏倒，被送到了醫院。醫院檢驗的結果是「嚴重高血壓」。營長看著檢驗結果說，是高血壓啊，那就不能再當下去了。只是驗退的程序落落長，直到新兵訓練中心的日子結束，還沒有個具體的結果。所以我也必須抽籤分發到部隊裡，邊當兵邊等驗退。

部隊的位置在高雄九曲堂。有一天，班長抽查信件，按照他們的老習慣，未經當事人同意，就將幾封倒楣的信挑出來拆開。有一封信我的信，寄件者採用了粉紅色的信封，搶眼又特別，當然立刻就被挑出來檢查。拆信的班長一看到裡面的內容，立刻兩眼瞪得老大，眼珠子差點沒掉到地上。

「這——這——」

旁邊幾個人圍上去看看到底信裡面是什麼東西。

「潘……潘迎紫？」

「《浴火鳳凰》耶！」《浴火鳳凰》是當年中視的八點檔連續劇，由巨星潘迎紫領銜主演，全台灣無人不知，無人不曉。

而他們看見信裡面掉出來的東西，臉上露出一種表情，宛若是一架浴火飛碟即將攻占地球那般的驚訝、不可置信。

我上前看了一下，潘迎紫寄給我的，信中還附了一張她的照片，穿著她的招牌紫色。那襲紫色禮服，足以讓整個綠色營區燃燒成鮮紅一片。從那天開始，每當有粉紅色信封飄來高雄九曲堂的營區，弟兄們就像蒼蠅一樣飛撲過來。

度日如年的軍營生活，加上潘迎紫的來信，娟秀字跡，傳來傳去的香水味，簡直如一場夢境。但我很清醒：我不在這場夢裡。我每天只想著，退伍後要做什麼呢？要跟康大姐創業，還是繼續當個小記者？一直想做音樂，又不知該從何學起……想著想著，老頭的冷嘲熱諷，又敲擊著我耳畔。越想越不甘心，沒有底子，沒有背景，徒有一身傷疤，未來究竟能幹什麼……

一年後，退伍令終於下來，弟兄們的夢也醒過來了。

回到家，媽眉頭深鎖望著我：兵沒當完，是好是壞。

23 錯與對

我用力打自己，往看不見的黑裡亂撞，摔跤了，再爬起來。滿頭大汗，渾身痠痛，每次掙扎著爬起，都像逃躲老頭的攻擊。

「哥，你在幹嘛？」

我趕緊將潘迎紫的信摺一摺，收進聚寶盒。

「幹嘛？」

弟長好高了。

「我才想問你在幹嘛咧，好久沒看到你了。」他說得心不甘情不願。

「白痴喔！」我瞪他一眼，「幾年級了？」

「要升國三了。」

國三？我訝異後趕緊掩飾自己的羞愧。

氣氛其實有些尷尬，兄弟共處一室，不知該聊些什麼。邁入青春年歲的他，也確切感受到，當他一了解什麼是代溝，代溝往往就在眼前了。

找些東西碰碰摸摸，弟試圖轉移注意。

「你真的訪問過庾澄慶啊？」他摸撫著一本《鑽石雜誌》翹起的頁角。
「好久前的事了，你現在才問，很不夠意思喔。」
「你會去訪問金瑞瑤嗎？」
「我已經沒在那邊工作了。」
我用這句話，來加重自己的決定。
他點點頭，臉上閃過一股羨慕，好像我一直很堅強，好像我一直都知道未來要走什麼路。
其實一點也不。
「爸他說，叫你去學開車。」
「他叫你轉告我？」
他聳聳肩。確實也沒什麼好說的。
「他住哪？」
「不曉得。」
「偶爾還會回來嗎？」
「有時候回來跟媽拿錢。」
我點點頭，表示懂，也不想聽下去了。
「好啦，我可以幫你要到金瑞瑤的簽名照！」

§

想了兩天，我決定依一年前的承諾，撥電話給康大姐。

本來還有點擔心她的反應，但她一知道是我，發出彷彿得救的聲音，我也鬆了一口氣。她被《鑽石雜誌》折磨到快吐血了，立刻叫我找幾個朋友，一起和她去開廣告公司。

掛了電話，手還發著抖。老頭的話，來到我耳邊：「想賺錢，就要做生意……」想通後，手便不抖了。我掀開行李箱，神采奕奕開始收拾行李。

家前門傳來聲音。

「姐啊，阿豐是不是回來了？」是舅舅！我才起身，他已經走到門邊。

「阿豐。」

「舅。」

他看看我的行李：「回來還沒整理啊？」

「不，是要搬出去了。」

「要去哪？」

「台北。」

「台北？很遠耶。」他故意說反話。

「是啊，還好不是走路。」

他環顧我的房間，而我上前把門關上，不想給媽偷聽我和舅舅的對話。

「房間都是這樣，一整理起來，就開始亂了。」舅坐到我床邊：「當完兵還好吧？有沒有比較強壯？」

「老頭不在，沒人幫我練身體。」我自嘲地說。

話一出口，房間氣氛陷入異常的沉默。尷尬了一下，我動手收拾，打破無聲。

「阿豐，你怨你老頭可以，可不要怪你媽。」

我頭壓得低低，不回答。

「就像你媽沒有怪我一樣。」

我停下了動作。

「從小到大，你外婆打她，我一直看在眼裡……可是，我就只是一個小孩子，還在適應這個世界正在發生的事，我也不知道什麼對、什麼錯……」舅擦去眼淚。這是我第一次看他哭。

「舅，你不要這樣……」

「那時候，以為打小孩是天經地義的事，總以為，我長大，也會跟姐一樣，被打得很慘。」舅吸吸鼻水，鼻子紅通通的，「可是等到我發現外婆只有對姐這樣的時候，已經來不及了。」

我想把耳朵摀住，不忍多聽。

「每次看她面對你外婆，好像一切恩恩怨怨都沒什麼似的，我就很羞愧……這樣一個姐姐，從小照顧我到大，我要拿什麼還她？」

「舅，你不要再說了。」

「阿豐，舅幫得上你的，會盡量幫。以後在外面，不要跟人家逞脾氣，有什麼需要幫忙，你只管跟舅講。」

我含淚點頭。

「不管怎樣，出去外面，如果分不出對錯，再遠，都要跑來問舅舅，知道嗎？」

「嗯。」

快快將行李收拾好，媽知道留不住我，臨走前在門邊塞給我幾張千元鈔，我立刻推回去。「媽，我有存錢，妳自己留著用。」

「唉，我也沒辦法多給你，老頭碧湖的生意，最近正要投一筆資金，成了，就會賺大錢，我錢都被綁在他那邊。阿豐啊，你人在外面，好好照顧自己，有空記得打電話回來嘿。」

我鼻子一酸，故意激她：「那沒空的話怎麼辦？」

「沒空的話——皮給我繃緊一點。」

「哈。」

我上前緊緊將媽抱住。舅舅小時候，一定也是這樣緊摟媽脖子的。說不上為什麼，就是這麼做了，這是第一次，離家前，給了媽一個擁抱。

我知道我會凱旋歸來。我就是知道。

§

再度進入台北都會，火速租個小套房，家當一古腦兒往裡面塞。

拎了兩瓶酒，把《溜溜畫刊》的阿漢找來。黃湯下肚，他一下子就被我的創業計畫說服了。「我一定要成功，不要被我老頭看不起！」我喝得醉醺醺的：「到時候，我要把大把大把鈔票撒在他臉上！看他還敢不敢囂張！」

喝著喝著，我們肩並肩，醉步蹣跚爬上頂樓，不是很高，但整座城市燈火通明，夠兩個小夥子征服了。

不，是兩個有為的好青年！我當完兵，不能算小夥子了。

台北市，我敬你！

§

康大姐、阿漢、我各拿出一筆錢，在仁愛路圓環的老爺大廈租下一間辦公室。

「我們一定要成功！」

拖地，打蠟，用力擦亮桌子，我對著桌面的自己露出滿意不已的微笑。

康大姐的男友展庚哥也來幫忙。他性子急，指揮東指揮西，跟我和阿漢之間難免有爭執。看在康大姐是大股的份上，一開始，我和阿漢多半讓他，也把跑業務碰到的閉門羹當常態。

「繼續加油！一開始都比較辛苦，成不成功，就看努不努力了！」

對一切，康大姐樂觀，我們跟著樂觀。

「康大姐在這一行很久，他說成，一定成！」我和阿漢私下互相勉勵。

隨著一通又一通碰壁的電話，我不免感嘆，解嚴後的社會，變了好多。彷彿有群人瞞著我，開了場鑼鼓喧天的派對，轉眼卻要我收拾善後。於是，這一年的十一月，冬天裡的一把怪火將中華體育館燒毀，似乎也不應當覺得奇怪了。

可是我在新公司辦公室得知中華體育館失火的消息，當下卻愣了一秒，接著例行般抓握一下發麻的五指。那個我和淑樺姐初識、開啟我入行起點的地方，此刻對我的意義，不是消逝，不是惋惜，而是條張燈結彩的熱線新聞。

掛上電話，無奈地望向阿漢，他被我邀來這裡一起打拚，凡事埋頭苦幹的他，對展庚哥的獨裁作風，笑笑以對，滿腦更重要的事，寫在臉上。

因為這樣，我更確定他是一個可以併肩打拚的戰友。

找天晚上，我們去卡拉ＯＫ，他點了周華健的〈我是真的付出我的愛〉。

周華健上一張專輯「心的方向」，我還沒完整聽過。但光是「追逐風，追逐太陽」這句歌詞，對比現階段的我，顯得格外諷刺，我也就沒動力將整張聽完。不過，阿漢唱周華健的歌，真是好聽。

別走開　給我一個時間對你說愛……

臉頰順著一點小酒，發起熱來，我想起以前國小、國中時代的同學印清，想起想起大安高工的蔡振凱，想起人生中來來去去的朋友。

「欸，阿漢，你有沒有想過，你的夢想是什麼？」

他疑惑地看著我：「賺大錢啊！我們現在不就在做嗎？」

我想了想，繼續說：「我是說，除了賺錢之外，人生還有別的事可以做吧？」

阿漢呆愣半晌，笑了出來：「你是不是醉了啊？」

「哈，我是醉了啊！」

用力灌了一口酒，想想不對，繼續說：「可是，我真的覺得，我想做音樂。」

「音樂？你是被誰洗腦了？哈。」

「我說真的。」

「我也說真的，該醒醒了……」他笑笑搖頭，「我們現在不就在做音樂嗎？下一首換你唱！」

§

好事沒有發生。

反倒時間越來越靠近那個判別成功與否的日子。一定是哪裡搞錯了……

展庚哥越是急躁，我和阿漢越是搞不定廣告商。喀，往往同時掛下電話，視線對撞後，又無可奈何地撇開。久之，我再也不敢正眼看阿漢。「你們兩個死人是不是！」展庚哥嗓門像把快速顫動的電鋸，將我祖宗十八代罵過一遍，我只是聳聳肩，反正我也不認識祖宗們。

有時候，我和阿漢甚至覺得耳朵都快被鋸下來了。

我不覺反覆開關抽屜，似要找什麼，藏什麼。

噠噠噠噠……

馬不停蹄按著電話號碼。

業績沒起色，每下愈況。薪水發不下來，展庚哥一個勁怪罪在我們兩個頭上，好像兩人是老天爺派來折騰他的。好不容易有點利潤，卻硬是被高額房租給打平。康大姐發不出薪水，叫我們撐一下。

「不要談什麼薪不薪水的，大家都是合夥人。」我對她笑笑。結果一撐就是幾個月。我腦內旋滿當初邀阿漢一起過來打拚的躊躇滿志，想著想著，捏得滿手是汗。阿漢有老父老母要養，我也沒多餘積蓄可幫他，萬一幫了，又會不會傷了他的自尊？看他三不五時挨到陽台角落，留下滿滿菸蒂，我垂下頭，看著六樓下的車流。

阿漢還能吞雲吐霧，而我會什麼？

「明天該怎麼辦？」

每天回家，燈越來越暗，怎麼都開不亮，不知該怪誰。舅的話猶言在耳：「出去外面，如果分不出對錯，再遠，都要跑來問舅舅……」我垂下頭。沒有誰對誰錯，但要收不收的念頭，日日煎熬著我們。

「要賺錢，就學我做生意！」老頭說過。

但我不想學老頭，我要靠自己的能力賺錢，為了脫離頭頂上那朵烏雲，證明自己不必學老頭也能成功，是唯一一條路。

喀啦、喀啦、喀啦，耳邊是小時候南京東路持續運作的機具。日日不息。

老頭是這樣賺大錢的。

為什麼我做不到？

以前他動不動就虐待我，好幾次從鬼門關走回來，我要一定要做點什麼給他看！

§

天色一黑，我把所有銅板往床上倒。五角，一塊，五塊，十塊，有幾枚舊的一元銅板，顏色、大小看起來像十塊。我天真地想，說不定，摻在十塊裡拿去樓下買便當，老闆娘會被蒙混過去。

頭有點暈。

我走到洗手台邊，盛了些自來水喝。最近牙齦越來越痛，往往要多喝鹽水，有時好像稍微紓解，多數時候，還是痛，痛到深深麻痺。想想，老頭以前要我命似的毆打我，都忍過來了，憑什麼現在撐不過來？

「阿豐。」我看著鏡中的自己。

右眼角的疤，越來越像一種注定。

看著看著，我往鏡子用力一撞。

次日上午，「你頭怎麼了？」

「有怎麼了嗎？」我反問展庚哥。

「擦傷還怎樣？」

「我不知道，我最近沒跌倒。」

「喔。」

他離開得有點遲疑。

我笑笑，低頭，翻開袖子，看了一下腕上的割痕，繼續打下一通電話。

日子像根快燒盡的蠟燭。阿漢不想給我內疚，也不對未來懷抱期望，他機械人般例行上下班，照例打卡，照例挨罵，照例避開與我四目交接的機會。我斜眼瞄他，看到他拿出一包紙包好的某個東西走向廁所，他也牙痛，也要漱食鹽水嗎？還是感冒了，要吃藥？

他會不會像我一樣？看著鏡內眉頭深鎖的自己。

他會不會，也心頭一揪，往鏡子用力一撞……

我尾隨而上，發現他不在廁所。會不會跑去陽台了？往壞的一想，我一心急，速速往陽台走去。只見他抽罷最後一口菸，將菸屁股往空中一彈，火星在空中畫了一個優雅的弧。他看了看我額上的傷，和我四目交接，對我禮貌性點了點頭之後又錯身而過。一句話都沒說，一句問候都沒開口。

我愣在原地十分鐘之久。

當天下班前，我在電話簿裡面看到一個公司行號「永新實業有限公司」。

撥了過去，嘟，嘟，嘟……邊看黃頁上的地址，台北縣新莊市新樹路——似曾相識的地址……

「喂？」

「喂，先生您好，我們這裡是光碩廣告社——」

「光碩廣告社？」

「對，光碩——」我猛然理解到，那是個熟悉的聲音，於是立刻噤了聲，摀住嘴。

「喂？喂、喂？」

喀！我猛然將電話掛斷。

是印清。

我不安地在辦公室走動著。

怎麼辦、怎麼辦……他認出我聲音了嗎？我千萬不能讓他看到我現在潦倒的樣子。我不想求他，我不能求他。

刷一下撕下那張黃頁，丟入垃圾桶。

「阿豐！」這時，康大姐叫住我：「來我辦公室一下。」

我移動身子到她辦公室，兩眼看著她。

「我剛跟房東講完電話，他願意退一半押金，公司……我看就開到這個禮拜吧。」

這個禮拜……

我一滴眼淚掉了下來。

為什麼老頭辦得到，而我不能？

「阿豐，這不是成功，也不是失敗，而是經驗。你還年輕，可以找到更好的工作，好好闖蕩一番。」

點點頭，我擦去眼淚。

「答應我，好好堅持理想。」她上前拍拍我的肩：「你不是很想做音樂嗎？希望下次見到你之前，可以先聽到你的東西。」

再度點頭，我慢慢轉身。

「我說真的耶！你可以超越我很多，下次換我追趕你了……」

下班了，我單獨一個人蹲在騎樓的水溝旁邊，看黑黑的水。「印清……」蹲著的時候很奇怪，身體會一前一後微晃動，好像隨時可以往水溝內栽進去。

我想，這就是先天條件的差距。有錢，沒錢，一段龐大的差距，輕易就決定了成功，和失敗。

§

房間越來越熱，我風扇大開，渾身發癢，翻來覆去，已經試過所有方式讓自己入睡，沒有一個成功。我一鼓作氣爬起來坐著，周遭一片黑暗。慢慢，彷彿有個黑影，從眼前晃過。

「滋滋？」我喚他。

他動了一下，停了下來。

「滋滋……」黑暗中一行濕，淌落我臉頰，「滋滋，我該怎麼辦？滋滋。」

滋滋沒有回答我。

「滋滋——」

我用力打自己，往看不見的黑裡亂撞，摔跤了，再爬起來。滿頭大汗，渾身痠痛，每次掙扎著爬起，都像逃躲老頭的攻擊。黑色的房間，一定有個出口，可供我逃脫。那個地方，一定有。

眼前出現滿天星斗，真的耶，滋滋，看到了嗎？到處都是星星……

再度聽見聲音，已經是被一陣敲門聲吵醒。叩、叩、叩。

「阿豐！阿豐！」阿漢在門外喊著。

我虛弱地抬起頭。幾點了？上班要遲到了嗎？我抹抹惺忪的臉，掙扎著起身，又突然踉蹌跌坐。匡啷——房內早已經是一團亂：電鍋、電風扇、吹風機，散落一地。

「阿豐！你到底怎麼了？三天沒你消息了，電話也不接。我看到你鞋子在外面，你還是快點出來吧！」

抹拭額上的液體，我看到手上有血。

難道老頭來過這裡!?

我警戒地四處張望，起身，抓起刀。那把水果刀，我昨天拿來切蘋果，還是什麼？忘了。

「阿漢，你走。」我聲音是嘶啞的。

「阿豐，你快開門。」

砰！

他嘗試將門撞開。我彷彿聽到老頭一腳將門踹垮，一臉凶神惡煞的樣子。「阿漢——」

我頭痛死了，往陽台走去。這麼狹小的房間，竟然也天旋地轉起來。

砰、砰——不行，他不能進來。不然，我就要出去。我要出去。我慌張地往陽台走——

砰！

「阿豐，你在幹嘛!?」他快步跑來，將我抱住。

我的身體已經懸在陽台外了，我看到底下忠孝東路上的車子，滾來，滾去。我一笑，頭往露台用力撞去。

一片黑。

24 甦醒

我忍住鼻酸，將身上殘存的痛，用力感受一遍。額頭的傷，會復原。

病房很白，和我上次見到它一樣。

但這次，釋出一點帶藍的透白，彷彿精靈才剛離開。旁邊是媽的啜泣聲。我略微轉動頭，看著媽的身影。她老了許多喔。

「我要念書。」

媽真的老了許多，髻起的髮，被白雪大幅攻佔。她那裡，下過了雪。

我悲從中來，哽咽著再說了一次：「媽，我要念書。」

但鼻子插了管，要怎麼念書呢？

媽彷彿沒聽到我的話，一逕哭著。

我還活著嗎？媽。喉嚨乾澀，我嚥了嚥口水，平靜地將眼睛閉上。我期待，下回睜開眼，可以看到一座書房。

§

陸陸續續，幾個人過來看過我。每當有人來病房裡，我勉強擠出勇敢的微笑。久了之後，這應付訪客的微微笑意，竟像兩枚貼紙貼在嘴角，撕不下來了。這樣也不錯。

媽餵我吃虱目魚粥，我嚼著，吞著，感覺自己臉上滿布莫名的紋路，就算只是笑得太用力，都會阻斷螞蟻原先的去路。隔壁床是一個八歲左右的小男孩，昨天我問他為什麼在這，他說，他罹患了某種名字很長的病。

「那你呢？」他反問。

我笑而不答。

現在，他倚臥床邊，聚精會神看著手上一本圖畫書，彷彿再怎麼樣都要解開病痛的秘密。

媽拉起簾子，隔開小男孩，在裡面碎碎唸著我：「你喔，就是不會照顧自己，搞得自己這樣，你叫媽怎麼安心？我看哪，以後就回家住好了。」

我不置可否，專心將嘴裡的虱目魚刺抿出來。

「啊？有刺啊？啐，沒剔乾淨。」她伸手，將魚刺接收。

「我要去念大學。」我簡短下了結論。

媽低頭，恍若未聞，一逕整理著鍋碗。鍋碗聲窸窸窣窣，我已經許久未見到它們了，它們也一定在好奇，我到底是怎麼了。

「你要做什麼，媽都會支持你。」一分鐘後，媽說。

我豎起耳朵，聆聽簾外的動靜，彷彿小男孩的動靜，都是極其珍貴的一種念書的線索。

「你外婆，你姑姑，都很關心你，改天他們過來，你可不要擺臉色。」

我看著腕上淡淡的疤，不說話。

「你老頭啊，最近又遇上麻煩，」她搖搖頭，「他在碧湖做的生意倒了。」

「倒了？」我感到訝異，「怎麼了？」

「原來是佔到公有地，現在政府要告他，之前投入的錢好幾十萬，都像丟到水裡，全都沒了。」媽說著，悲從中來，斗大眼淚掉了下來，「連我好不容易存到的老本，都賠了進去。你老頭，現在外面還欠一屁股債咧！債主三不五時跑來敲門，說要把他拖出去剁手指，連你弟阿振也嚇得不敢回家——我真的不知該怎麼辦？如果你老頭真的被拖去剁手指，我以後要怎麼跟你弟弟交代……」媽說著，痛哭起來。

「噢，不要哭了啦。」

「反正，錢是還不了的，你老頭他要逃到大陸去，需要一點跑路費，我還在幫他籌。我跟他夫妻的情份可以不顧，但是，他終究是你們兄弟倆的爸爸，想到這，我就不忍心不幫他。」她提起袖子，擦著眼淚。

我伸出右手，摸向床墊底下，抓出一包厚厚的牛皮紙袋。

「這些錢拿去，幫老頭消消麻煩。」我將紙袋放到媽手裡：「不多，但擋一下也好。」

「這——」媽打開紙袋，一看，「哇，好多錢，你怎麼會有那麼多錢？」

「康大姐昨天來過，他說，我沒去上班那幾天，公司突然接到一個大客戶，買下一大筆廣告，這些錢，是過去幾個月拖欠的薪水，加上一些慰問金。你全部拿去給老頭跑路，別讓阿振受驚最重要。」

「那公司……」

「還是一樣收了啊，我們都還沒準備好。」我緊閉眼。

「還好，突然有這個客戶？真的是老天爺有保佑。」媽破涕為笑。

「不是老天爺，是印清。」

「印清？你國中的那個朋友？」

「西盛館那個。」我點點頭。

「西盛館？啊，我想起來了，他來過家裡一次……他怎麼找到你的？」

我嘆口氣，搖搖頭：「現在我一團亂，想這些都太早，妳快去給老頭跑路吧，我出院後，自己的事，自己想辦法。」

媽看看錢，看看我，想想不對：「不行，你說你要念書，這些錢你應該自己拿去，怎麼可以拿來給老頭跑路？他以前對你那麼不好，再怎樣，也不該由你來揹——」

「媽！」我拉高聲音，「拿去就對了！我念大學，學費會自己想辦法。從小到大，我什麼難關撐不過的？現在讓家裡安安靜靜，阿振放心上下課最重要，我不希望他經歷我以前的痛苦，一點都不想！我是妳兒子，阿振也是妳的兒子，我不幫阿振，誰來幫他呢？」

「嗯。」媽擦擦眼淚：「阿豐，答應媽，下次真的不要再這樣傷自己了！」
「好啦，媽，我以後真的不會了。」
我忍住鼻酸，將身上殘存的痛，用力感受一遍。
額頭的傷，會復原。
右眼上的疤，會陪著我活下去。
「媽，簾子拉開啦，我想透透氣。」
媽將簾子拉開，小弟弟又出現了，他循聲對我笑笑。
我也對他笑。
他拋下書，跳下床，走向窗，打算給我驚喜似的拉開窗簾。
陽光灑進來，我不由得瞇起眼睛。

尾聲　有光，當代

外頭陽光很大，我駐足窗邊，連汗毛都快燃燒起來似的。下過雨，天氣特別晴朗。昨天才辦完的「馬力連夢路」發表會，整個早上，恭喜簡訊不斷。臉書粉絲團也一直暖暖的。

看著那張大合照裡，自己，和那麼多愛護我的朋友。

每一次，你們總能給我好多的感動和驚喜！從三點到六點半，從天亮到天黑，從晴天到雨天。你們都在馬力連夢路現場給我力量。從海外從南部，連身體不便都要來給我打氣，這樣的愛，我拿什麼還你們？真心謝謝今天到場每一個朋友！

這般扎扎實實的感動，與當初吳克羣首張創作專輯大賣那種鬆了一口氣的激動，截然不同。

看著「馬力連夢路」圖樣貼在電腦上方，不動，卻也跑著。這匹小馬，跑在如此沮喪不安的年代，奮力拍動翅膀，提醒著所有人，夢想就在前方。

我設計這個圖案，不但是希望鼓舞大家，加足馬力，快快連接到夢想的道路。更希望藉此推動環保運動，回饋這片土地。

眼看今天事情繁多，辦公室裡的我，得慢慢消化這場悸動，轉為能量，做接下來該做的事。掀開筆記本，打斷喝咖啡的想法。小小一本，功能無窮。我簡單把今天要做的事想過一遍，字很小，一字一句寫入條格裡。過去這二十年來，我早練就這樣的功夫，將每天要做的事，迅速有效率地排列整整齊齊。

一頁寫滿，又想了一次咖啡，身體卻毫無動作。在最該忙、最要忙的時候，任由咖啡因的魅惑，帶領我放空一下。

手機鈴響了。是媽打來的，我速速接起：「媽。」

「見到你老頭沒有？」

「吼，媽，沒那麼快啦！」

「不是說很快嗎？」

「不是那種『快』啦！二十年也過得很快啊，怎麼沒有咻一下就過去？」

「別那麼快也好，我是替你擔心，從你說要處理他的事情以後，我就擔心到現在。」

「不要擔心啦！我會好好處理的。」

「唉……」

「嘆什麼氣啦？」

媽停了一下，那短短幾秒，好多畫面，在我倆之間旋飛起來。

「我不恨他了！現在他對我來說就像一個陌生人，我現在只擔心你們兄弟倆，所以要打電話盯著你們，不要再被他給打亂你們的人生。」

「媽，不會啦。」

媽繼續叨念著。

我緊盯電腦螢幕上的馬力連夢路。過去往事已如塵煙，從他跑路開始，近二十年沒有爸的音訊，只知道他因為在台灣要被告或是被通緝，所以跑到大陸，回不了台灣。後來又輾轉聽說，他在大陸照樣吃喝嫖賭，照樣惹出一大堆不知該怎麼解決的麻煩。後來生病，孤苦無依，有人通報慈濟，慈濟輾轉找到弟弟，但弟對他過往的行為很不諒解，所以不想去大陸看他。後來慈濟透過管道將他送回台灣，我才知道這件事情。媽怕他回台會害我惹上他尚未擺平的的麻煩，也不建議我去處理他的事情。

但我總覺得，是時候該放下這個恨了，所以我回過頭要求弟弟和我一起處理他現在安養院的事宜。

「你現在也是有頭有臉的人——」聊著聊著，媽又不放心地說。

「別擔心啦，媽，妳多休息，爸的事，我會好好處理的。」

「辦得怎樣，記得跟我講。」

掛完電話，只想深呼吸。真的，一切都該放下了。走到陽台邊，街道突然傳來一陣刺耳的剎車聲。我本能將眼睛緊緊閉上，彷彿那些劇痛，又來到我身上：我是那個被剝光衣服、以鐵絲捆綁手腳，用力摔到南京東路上的田定豐。緊急剎車後的駕駛，快步下車察看，那驚魂甫定的聲音，一點都不認為自己救了我一命。「弟弟……弟弟……」在他確認我還有呼吸後，隨即倉促鑽回駕駛座，輪胎聲自我耳邊駛過，像夸父腳步聲。

怦怦、怦怦、怦怦……

也可能是我急促的心跳。

耳朵緊貼柏油路，我諦聽若有似無的震顫，遠遠看去。南京東路盡頭，露出一絲清晨的曙光，紫紫的，紅紅的。

車少，路冰涼，凹凸的路面扎得我皮膚作痛。渾身赤裸的我，宛如剛出生一樣。若不快爬起來，難保下一輛車不會輾過我。

但我清楚得很，此刻我渾身佈滿了什麼。輕輕一動，彷彿有個傷口要在體內撕裂開來。

這就是地平線，這就是世界帶給我的，僅存的看世界的角度……

有光，我卻去不了——

「豐哥！」

同事Ethan的聲音出現在我身邊，我回過神。

「豐哥，剛剛Daniel打來，你沒在辦公室……」

我趕忙瞄瞄錶，下午還有一場會議。「好，我等會兒回電。對了，還有什麼文件要簽的？」

「我弄好後會寄給你。」

我回辦公室，快快將瑣事整理出一個頭緒。快馬加鞭的手部動作，也驅策、提醒著自己，夢想在哪裡。二十三年音樂生涯，有令人稱羨的巨大成功，也有逃離失敗的自省。我在種子音樂做到最好最大的時候，選擇放下，這一放，彷彿從一個很長的夢境裡醒來，洗把臉，再重新編織人生第二個夢想，此刻，肩上擔子輕了，就想憑一己之力，來回饋這片養育我的土地，還有周遭可愛的人們。

我也希望，能夠帶著自己的故事，走訪全台家扶中心，真心去擁抱每一個遭遇與我相仿的孩子。不論貧困、家暴、或失學，只要有愛，就能帶領他們走出陰影，往有光的方向前進！

不僅是我走在夢想的道路！我更希望透過實際行動讓這些孩子不放棄自己，如同我沒有放棄自己的人生一樣。

儘管在很多人眼裡，我是令人羨慕的追夢人，但我仍無時無刻不在調整焦距，為了看更廣的世界，關心更多需要愛的人。

設計的夢，攝影的夢，我要編織大大的一座，關懷世界的夢。

起了身，走到外面。

「我想出去走走。」我對Ethan微微一笑。

或許我對他來說，早是個身經百戰的學習對象。但離開音樂界，踏入文創界一年以來，我仍然是那個嚴以律己、滿腔熱血的大男孩。我戰戰兢兢標好起點，對接下來的路，是一古腦兒的衝勁和戰鬥力，身心不覺也年輕了許多。

快速走向電梯，停了一下，有股衝動，想要動動雙腿。我推開安全門，直奔樓梯間。稍微加快腳步，大理石地板叩叩迴盪著腳步聲，讓我不禁想起麥帥橋下那幢公寓，那個我最常和弟弟蹲在地上玩尪仔標的秘密基地，當媽媽探頭呼喝我們快上樓吃飯，那充其量是個不起眼的角落，沒辦法玩捉迷藏，一如爸追打我，我無從逃躲……我一次又一次面對沒有窗戶的房間，一次又一次，等待日光透進來……直到現在，我已走出黑暗，不再掩藏身上的傷疤。

§

越接近一樓，越是直覺，一定有什麼在外面等著我。

加快腳步，我推開旋轉門，快步來到大馬路。

朝路的盡頭望去——瞇起眼，我眼眶湧進淚水。

我看到那被剝光衣服，全身赤裸、傷痕累累的小男孩，他已戰勝傷痛，掙扎地爬了起來，他面對那個有光的方向，忍著痛，踏出顛簸的第一步。

又一步，再一步，勇敢地朝光走過去……

其他推薦

【中華民國各級學校家長協會理事長】李秀貞：愛與恨是心的同一面，人們對恨總是喜歡複製、剪輯並儲存入檔，如果能用愛來穿越恨，那黑暗必然變明朗，作者的心靈成長，令我有深沉同感，許多情節似乎身置其中，全境讓人旅歷一次心靈成長，這是一本很好的生命教育參考書，提供我們回顧自己，幫助別人，用愛穿越恨，光明人生。

【臨床心理師】洪仲清：一個人若在童年受創，還能在日後有相當成就，從研究的角度來談，有兩個重要因素。第一，是擁有療癒力量的正向關係；第二，則是本身的認知功能良好。這兩個重要因素，在田定豐先生身上都明顯可見。

從對父親的憎恨埋怨，一直到能收拾起對父親的不諒解，願意打理年老父親的安養生活。這一路走來，那得要有極大的勇氣，來接納自己積累的傷痛才行。

文字療心，刻劃童年生活的同時，正在撫平過往的傷痕。但是，深埋在潛意識的陰魂鬼魅，如果沒有持續耕心，轉化昇華成寧靜，容易附著在生命接續的苦難上，伺機給予重擊。

幸好，田定豐先生願意走訪家扶中心，把自己的過去變成投身公益的沃土。如此，在付出的同時便能收穫，在他人的困境當中，學習珍惜與感恩，便能喜樂常在。

【富邦文教基金會董事】**陳藹玲**：最大的挑戰中，隱含了最大的祝福。雖然不是人人都可以順利通過挑戰，但田定豐的現身說法，讓我們多了更多鼓舞和希望！

【家扶基金會社會資源處主任】**游淑貞**：拜讀《趨光歲月》一書，我看到田定豐經歷了內在的心理掙扎、矛盾、衝突、以及蛻變，成為一位積極而成功的青年；這是相當難得的成功經歷，更值得推薦給目前還在茫茫人海中尋求方向的朋友們，藉由田定豐的故事和奮鬥過程，幫助他們跨越心理的障礙，領悟人生中的酸甜苦辣，理出一條適合自己的路！

【作家／心理諮商師】**蘇絢慧**：這本書我是含淚看完的。在久久不能自己的情緒中，我看到三代之間愛與暴力的糾纏，也體會到作者在年幼時身心所受的苦與傷。身體的傷或許會成疤，但心靈的傷卻不一定能成疤，反而反覆再有新的撕裂與拉扯，久久不能復健。作者的受痛歲月，如今可以成為他生命的趨光歲月，想來必定艱難，令我敬佩。

國家圖書館出版品預行編目資料

趨光歲月 / 田定豐, 保溫冰著. -- 初版. -- 臺北市 :
遠流, 2014.01
面； 公分. --
ISBN 978-957-32-7330-1(平裝)

1.田定豐 2.傳記

783.3886 102025450

趨光歲月

作　　者 田定豐・保溫冰
攝　　影 田定豐
總 編 輯 汪若蘭
執行編輯 蔡曉玲・陳希林
行銷企劃 阮馨儀・高芸珮
封面設計 好春設計陳佩琦
內頁排版 陳健美

發行人 王榮文
出版發行 遠流出版事業股份有限公司
地址 臺北市南昌路2段81號6樓
客服電話 02-2392-6899
傳真 02-2392-6658
郵撥 0189456-1
著作權顧問 蕭雄淋律師
法律顧問 董安丹律師

製作公司 豐文創股份有限公司
執 行 長 陳維仁
總 策 畫 胡志偉
行銷統籌 徐靖雯
宣傳統籌 彭羽萑
行政協力 陶宣瑩、盧昕妤、程栩婷、林純因
地　　址 臺北市敦化南路2段128號4樓之6
電　　話 02-2706-3712
網　　址 http://www.funartasia.com/

2014年01月01日 初版一刷
2014年01月15日 初版二刷
行政院新聞局局版台業字號第1295號
定價 平裝新台幣300元（如有缺頁或破損，請寄回更換）

ISBN 978-957-32-7330-1
YLib 遠流博識網 http://www.ylib.com E-mail: ylib@ylib.com